Дела Јована Дучића

Дела Јована Дучића

Уређивачки одбор

НОВИЦА ПЕТКОВИЋ, председник
СЛАВКО ЛЕОВАЦ
ГОЈКО ЂОГО
НОВИЦА ТАДИЋ
РАЈКО ПЕТРОВ НОГО

Први том

ПЕСМЕ

Приредио

РАЈКО ПЕТРОВ НОГО

ЈОВАН ДУЧИЋ

ПЕСМЕ

Друго издање

ИЗДАВАЧКО
ПРЕДУЗЕЋЕ
РАД

ОКТОИХ

ДУЧИЋЕВЕ
ВЕЧЕРИ
ПОЕЗИЈЕ

КЊИГА ПРВА
ПЕСМЕ СУНЦА

Пријатељима

Алекси Шантићу и Атанасији Шоли

СЕНКЕ ПО ВОДИ

ЗАЛАЗАК СУНЦА

Још бакрено небо распаљено сија,
Сва река крвава од вечерњег жара;
Још подмукли пожар као да избија
Иза црне шуме старих четинара.
Негде у даљини чује се да хукти
Воденички точак промукнутим гласом;
Дим и пламен ждеру небо које букти,
А водено цвеће спава над таласом.

Опет једно вече... И мени се чини
Да негде далеко, преко трију мора,
При заласку сунца у првој тишини,
У блиставој сенци смарагдових гора –
Бледа, као чежња, непозната жена,
С круном и у сјају, седи, мислећ на ме...
Тешка је, бескрајна, вечна туга њена
На домаку ноћи, тишине и таме.

Пред вртовима океан се пружа,
Разлеће се модро јато галебова;
Кроз бокоре мртвих доцветалих ружа
Шумори ветар тужну песму снова.
Упртих зеница према небу златном,
Два гиганта Сфинкса ту стражаре тако,
Докле она плаче; а за морским платном,
Изнемогло сунце залази, полако.

И ја коме не зна имена ни лица,
Све сам њене мисли испунио саде.

Верност се заклиње с тих хладних усница...
Као смрт су верне љубави без наде!
Вај, не реците ми никад: није тако,
Ни да моје срце све то лаже себи,
Јер ја бих тад плакô, ја бих вечно плакô,
И никад се више утешио не би.

У СУМРАКУ

Одвела ме туга и мисли злослутне
У поље, далеко. Трава пуна росе.
Тужно стоје врбе изнад воде мутне,
Хладни ветри мрсе зелене им косе.
На западу негде полумртав блеска
Угашеног дана задњи бледи пламен.
Нема је нада мном ширина небеска,
Мрак засипа шуму, реку, цвет и камен.

Ево једно гробље. Ту леже сељаци,
До суседа сусед, другар до другара;
А док се у своду бришу задњи зраци,
Побожно капела стоји крај њих стара.
И доле у селу задњи огњи згасли –
Ноћ, и ту се спава... А кô сабласт чудна,
Међ гробљем и селом још кривуда стаза,
Сва бела и гола, кратка, вечно будна.

ПАДАЊЕ ЛИШЋА

Корачаше нема, хладна, поред мене,
Без сребрне сузе у мутноме оку;
Крај нас беху мртве руже и врбене,
Падало је вече на воду широку

Старе једне реке. Њен је корак био
Кô корак самоће, нечујан и сетан.
Бесмо тако тужни; нас тишташе тихо
Исти јад без суза и бол истоветан.

Мрак болесне ноћи засипаше прахом
Платане по врту, језеро прозирно;
Наша срца беху испуњена страхом
Туда, где све тако умираше мирно.

И кад у то вече што све већма мрачи,
Приближисмо уста што ледено ћуте,
Вај, ми осетисмо, с ужасом, да значи
И тај сваки пољуб смрт једне минуте.

Сваки удар срца, смрт нечег што живи!
Свака жеља стрепи да ће нешто стрти!
У овај новембар чамотни и сиви,
Не постоји Живот другде нег у Смрти.

АКОРДИ

Слушам у мирној љубичастој ноћи
Где шуште звезде; и мени се чини
Да често чујем у немој самоћи
Певање сфера на топлој ведрини.

И чујем тихо у осами тако
Вечити шумор из земље и свода;
И слушам дуго, немо и полако,
Те речи лишћа и тај говор вода.

И ја разумем те гласе што хује,
Тај језик Бића и тај шапат ствари̑...
Често све стане; још се само чује
Куцање мог срца. Но исти удари

Чуше се шу̑мом; мирно закуцаше
Удар за ударом, из стабла; и јасно
Куцну из црне рогози и шаше –
Дуж целог поља... Најзад, многогласно,

Доле, под земљом! Негде у дубини
Једнаким ритмом, као мукло звоно,
Огромно срце зачу се у тмини:
Удари мирно, тихо, монотоно.

ПОЗНАНСТВО

Када је познах, небо беше мутно,
Врти су мрели с болним нестрпљењем;
Јесење воде шумиле злослутно,
И све очајно журило за мрењем.

И младост моја није више знала
За дане страсти и трзања њина:
У моју душу њена сен је пала,
Бледа и хладна, као месечина.

Глас њезин беше кô музика туге:
И зато мишљах, у слушању многом,
Само на прошлост, на јесени дуге,
На хладна неба, и на тужна збогом.

Пољубац њезин беше тих и ледан,
Мраморни пољуб; а коса јој плава
Одисала је сетан мирис један
Бокора ружа који доцветава.

И много пута, у јутра, без моћи,
Пренем се као из оловних уза:
Ја не знам шта сам сневао те ноћи,
Али ми очи мутне, пуне суза.

ТИШИНА

Заборављен предео у пропланку дугом,
Обале под тешком тишином и травом.
Ту вечерње воде хује тихом тугом,
А жалосне врбе шуме заборавом.

У зеленој јасној помрчини грања,
Ту нађем Самоћу, у ћутању вечном,
Бледу, покрај реке; ту седи и сања,
И огледа лице у модрилу речном.

Ко зна од кад тако. Но у немом долу,
Глас пане ли само у та места чиста:
Сва тишина тешко уздахне у болу,
Рефрен патње оде од листа до листа.

ЈЕДНЕ ВЕЧЕРИ У СУТОН

Небеса беху мутна и раздрта,
Студен у немој собној полутами;
И допираше из самотног врта
Музика кише. Ми смо били сами.

Хујаше негде ветар око виле
Песму о тузи. И ја гледах тако
На њеном челу и лицу од свиле,
Где мутно вече умире, полако.

Ми бесмо неми; али ми се чини
То вече да смо у ћутању дугом,
Сами и тужни у хладној тишини,
Сву повест срца рекли једно другом.

И тајне мисли болне и злослутне,
И страх од патња којих нема више...
Слушајућ тако те вечери мутне
Ветрова песму и музику кише.

ЈАБЛАНОВИ

Зашто ноћас тако шуме јабланови,
Тако страсно, чудно? Зашто тако шуме?
Жути месец споро залази за хуме,
Далеке и црне, кô слутње; и снови

У тој мртвој ноћи пали су на воду,
Кô олово мирну и сиву, у мраку.
Јабланови само високо у зраку
Шуме, шуме чудно, и дрхћу у своду.

Сам, крај мирне воде, у ноћи, ја стојим
Кô потоњи човек. Земљом, према мени,
Лежи моја сенка. Ја се ноћас бојим
Себе, и ја стрепим сâм од своје сени.

ЧЕКАЊЕ

Доћи ће и тренут последњи и свети,
Када ћемо једном, мирно чекајући,
Рећи једно другом: већ је време мрети,
Као што се каже: већ је време кући.

У хоризонт празан гледајући тада,
На ивици где се мрак и светлост дели,
Замрзнуће мирно суза задњег јада,
Јада што се никад, никад нисмо срели –

У сунчана јутра тражећ једно друго
Крај зелених река; или ноћ кад броди,
И док месечина непомично, дуго,
Лежи хладна, бела, на заспалој води.

Док је прилазио час повратка свети,
Уморни, тај сусрет вечно чекајући,
Када ћемо рећи: већ је време мрети,
Као што се каже: већ је време кући.

ПОВРАТАК

Вратиће се опет када лишће пане,
Кад заплачу хладни ветри обалама,
Као успомена на помрле дане,
Бледа и у црном, јавиће се нама.

Њен ће мирни корак да жалосно прати
Шум јесењих вода. Но сенка што мрачи
Мраморно јој чело, нико неће знати
Откуда је пала и шта она значи.

Кô душа јесени, кад нам приђе тада,
Испуниће стрепњом неког мирног јада
Нас, и хладне врте, и природу бôну.

А кад стари клавир дирне руком лаком,
Биће звуци црни: чиниће се сваком
Као да прах ноћи пада по салону.

ЧЕЖЊА

Небеса су празна; немо вече слази,
Негде у алеји задњи зрачак блиста,
Венус архаичка сама је на стази,
Гола, и сва стидна, без смоквова листа.

Вече ће јој тихо да окупа тело
У мирису руже и у чистој роси;
Месечина мирно да посребри чело,
И поноћно иње да проспе по коси.

Гола, она чека; а поглед, пун жуди,
Вапије у небо, и страда, и моли!
И док стидно око у небеса блуди,
Чежњом дрхћу прса и удови голи.

Тако ноћ пролази тихо, једнолико,
Ветар месечином засипа и веје;
Спи небо и земља; и не дозна нико
Ту паганску љубав сред мртве алеје.

НОВЕМБАР

Раширило се у немој висини
Јесење небо, оловно и празно.
Поља су пуста; врх ледина њиних
Силази вече досадно и мразно.
Као болесница ходи бледа река,
Скелет врбака наднео се на њу.
Чује се јецај и потмула јека –
То ветри плачу високо у грању.
И мраз се хвата над трулим стрњиком;
Мокре су стазе и блатњави пути.
Вечерње птице одилазе с криком
У мртву шуму. Дажди мрак; све ћути...
Ја не знам зашто само тугу снијем,
А нит што жалим, нити желим друго;
И не знам зашто тражим да се скријем,
И негде плачем дуго, дуго, дуго...

МОРСКА ВРБА

Сама врба стоји над морем, врх света,
Расплела је косу зелену и дугу,
Наличи на нимфу која је проклета,
Да постане дрво и да шуми тугу.

Слуша песму гора када јутро руди,
Агонију воде у вечери неме,
Непомично стоји тамо где све блуди:
Облаци и ветри, таласи и време.

И ту шуми с њима, дајући, полако,
Мору коју грану, ветру листак који:
И, кô срце, себе кидајући тако,
Тужно шуми живот. – Сама врба стоји...

САТ

Дан болестан, мутан, небо непрозирно.
Над безбојном водом мир вечерњи беше.
Часовник невидљив негде изби мирно:
Тад потоње руже лагано помреше.

И кад опет изби: с топола се расу
Задње мртво лишће. Мир је на све стране.
Док понова куцну: тихо у том часу
Једно гнездо паде високо са гране.

Но скривено звоно кад под сводом ледним,
И опет се зачу из топола стари,
Сва долина страхом испуни се једним,
И ужасном стрепњом, и паником ствари̂.

ПОНОЋ

У соби музеја глухо ноћно доба.
Пред гранитним Марсом ту страсна и гола
Игра баханткиња. Ту лије Ниоба
Мраморне и хладне сузе вечног бола.

Ту силно и болно под уједом гује
Рве се Лаокон. На камену крутом
Седи скрушен Едип... Мир је да се чује
Где пролази тихо минут за минутом.

Али с црне куле кобан и потмуо
Глас поноћног звона одјекну у тмини –
Негде из дворане дуг се уздах чуо
У мраку, у немој студеној тишини.

Пренула се нагло сва дворана ова:
Свак осети да је туде у самоћи
Гладијатор један умро ове ноћи,
Млад, срушен, и рањен већ дваест векова.

ЗАШТО?

Као скрушен браман што са страхом чува
Урну, што прах драгих покојника крије,
Безбожничка рука да је не разбије,
И пепео свети ветар не раздува –

Музо, зашто и ми не чувасмо тако
Срце са пепелом покојникâ мили?
Нико не би знао да смо тужни били,
Да си ти јецала, и ја да сам плакô.

Јер како је света и чедна бескрајно
Туга што се никад није речју рекла,
Што је само тихо у сузу потекла,
У бледилу лица јавила се тајно.

Како ли је срећна душа која знаде
Бити свет за себе, кô звезда небеска,
Бачена у свемир што самотна блеска,
Док светова крај ње блуде миријаде.

И мора светлости сјаје и трепере,
Век за веком тоне у пространства сјајна –
А њен бол и живот остали су тајна
За бескрајни простор и вечите сфере.

И зашто не оста твоја књига мала
Кô гроб сиромаха, гроб без историје,
Ког у светом миру осрвнула није
Ни безбожна грдња, ни бестидна хвала!

ПОЕЗИЈА

Мирна као мрамор, хладна као сена,
Ти си бледо тихо девојче што снева.
Пусти песма других нека буде жена,
Која по нечистим улицама пева.

Ја не мећем на те ђинђуве са траком,
Него жуте руже у те косе дуге:
Буди одвећ лепа да се свиђаш сваком,
Одвећ горда да би живела за друге.

Буди одвећ тужна са сопствених јада,
Да би ишла икад да тешиш ко страда,
А чедна, да водиш гомиле што нагле.

И стој равнодушна, док око твог тела,
Место китњастог и раскошног одела,
Лебди само прамен тајанствене магле.

ЗИМСКИ ПАСТЕЛ

Згурена на снегу сеоска капела
Зебе усред гробља. Небеса су бела.
Ниоткуд ни ветра да се јави шумом,
И заплаче гдегод за крстом, за хумом.

Нити смрзло звоно час да куцне који,
Укочено, мирно, још сказаљка стоји,
Показујућ тако сред долине неме
Сат, када је најзад умрло и време.

ПОДНЕ

Над острвом пуним чемпреса и бора,
Младо, крупно сунце пржи, пуно плама;
И трепти над шумом и над обалама
Слан и модар мирис пролетњега мора.

Љубичасте горе, гранитне, до свода,
Зрцале се у дну; мирно и без пене,
Површина шушти и целива стене;
Свод се светли топал, стаклен, изнад вода.

Прах сунчани трепти над испраним песком,
И сребрни галеб понекад се види,
Светлуца над водом. И миришу хриди
Мирисом од риба и модријем вреском.

Све је тако тихо. И у мојој души
Продужено видим ово мирно море:
Шуме олеандра, љубичасте горе,
И блед обзор што се протеже и пуши.

Немо стоје у њој сребрнасте, родне
Обале и врти; и светли и пали
Младо, крупно сунце; и не шуште вали –
Галеб још светлуца. Мир. Свуда је подне.

РИМСКИ СОНЕТ

Гроб на Апији

Спава Цецилија Метела, још спава,
Сто година преспи и сто нових зачне.
Пева птић из житâ и косач из травâ,
А ништа да прене трепавице плачне.

У мрак бела стада са хумова сходе;
Голуби из поља беже испред сене;
Апијом се врате легије што воде
Краље од истока, и пљачку, и плене.

Очи Цецилије мокрих трепавица,
Од свег окренуте сад гледају другде;
Нит их прену трубе ни глас ноћних птица.

Сто година мирно она пређе свугде:
Лепота је смрти без својих граница...
А мокре су очи окренуте другде.

САМОЋА

Лежи река расута у мраку,
Мртва, бела. Не чујем да прска
Ни таласић измеђ густих трска,
Ни птић речни гдегод у врбаку.

Само дрхте у провидној тмини
Две-три звезде беле у дну свода;
И диже се изнад немих вода
Црн силует шуме у висини.

Док блиснуше небеса у часу,
И шум чудан прође по самоћи,
Мирис липа долином се расу:
Једна душа мину посред ноћи...

ЈАДРАНСКИ СОНЕТИ

ПОРЕД ВОДЕ

Са Бонинова

Пут месечев сребрн низ море се види,
Лежи бесконачан врх заспалих вала.
Мир. Задњи је талас дошао до хриди,
Запљуснуо сетно и умро крај жала.

Ноћ мирише тужно чемпресовом смолом.
Небо пепељасто. И копно и вода
Кô да ноћас дишу неким чудним болом,
Тиха туга веје са далеког свода...

А сто срца ноћас куцају у мени,
И цело ми биће буди се и диже
Часом некој звезди, а час каквој жени.

Све кипи у мени, кô плима кад стиже:
Као сад да постах! Докле звезде броде
Једне безимене ноћи, поред воде.

КРАЈ МОРА

Из Боке

Лав камени један из млетачких дана
Озбиљан и мрачан још на тргу седи,
На обали мора. Слуша шум Јадрана,
И где век за веком неосетно следи.

Стар и малаксао, и са гривом седом,
Он је тешке шапе зарио дубоко,
Докле мирно држи у обзору бледом
Свој мраморни поглед и студено око.

Дођу градска деца са веселим плеском,
Драже га, и јашу, и засипљу песком,
И бију га својим пушкама од зова.

Док он мирно гледа на море, и чека
Да галије старе види из далека,
Што одоше некад пре много векова.

СЕЛО

Из Трстеног

Виторог се месец заплео у грању
Старих кестенова; ноћ светла и плава.
Кô немирна савест што први пут спава,
Тако спава море у немом блистању.

Чемпресова шума бдије; месец на њу
Сипа своје хладно сребро; одсијава
Модро летње иње са високих трава.
Затим крик. То крикну буљина на пању.

Рибарско сеоце полегло на стену,
И сишло у затон; и кроз маглу млечну
Једва се назире, кô кроз успомену.

Све је утонуло у тишину вечну.
Ни шума, ни гласа; само једнолико
Избија часовник ког не чује нико.

ЛЕТО

Из дубровачке Жупе

Окићену лозом и цвећем од мака,
Срео сам је једном, једног врелог днева.
На пучини магла провидна и лака,
У врућоме житу препелица пева.

Из воде и копна одисаше лето
Мирисом и ватром. Тесне стазе беху
Пуне косоваца. Весело је цветô
Турчинак у њеном говору и смеху.

Она је крај мене тада корачала,
Страсна као лето, поред мирних вала,
Поливених топлим бојама и сјајем.

Вај! И младост прође, кô сунце над гајем!
Само још у мени ти си и сад така:
У коси ти исти цветови од мака.

СЛУШАЊЕ

Из Дубровника

Када падне вече поврх воде плаве,
И засветле Млечни Пути из далека,
Тада као птица из свог гнезда мека,
Све од маховине и од морске траве,

Прхне моја душа. И жеље што даве,
И бију, и море, још од памтивека,
Њу измаме тако у тузи без лека...
Док поноћне звезде шуме изнад главе.

Кô свилени црни ноћни галеб, тако
Моја душа пада на талас, полако,
И заспи у својим сузама, кô дете.

А кад је пробуди сребрнаста зора,
У њој вас дан шуми ноћна песма мора,
Пуна једне болне неутешне сете.

ДУБРОВАЧКИ REQUIEM

Тај дан тако тужно звонила су звона,
Болну неку песму из металног грла.
Насред катедрале лежала је она,
Као Илузија која је умрла.

Тако плава, тужна. У белом оделу,
Легла је међ руже и миртино цвеће.
Редови властеле на дугом опелу
Стојали су немо и држали свеће.

У окнима цркве тихо, неосетно,
Поче дан да гасне, кад свршише сетно
Дуге болне псалме свештеници седи.

А полазак када запеваше звона,
И кад мирно ковчег подигоше бледи,
Тада, као у сну, осмехну се она.

ДАЛМАЦИЈА

Из Сплита

Са капеле једне, са старог врхунца,
Полагано звони. Све је мирно тако.
На водама лежи крв вечерњег сунца,
Дими се, и хлади, и мрзне полако.

Албатрос је један кружио над водом,
Залутао амо ко зна с кога мора.
И пламен док хвата крвавијем сводом,
И пуши из модрих маслинових гора,

Гордо, са далеко раширеним крилом,
Кружаше албатрос... Беше у порфири,
Сав покривен златом и пурпурном свилом:

Изгледа дух страсни Диоклецијана
Над драгим се морем далматинским шири,
У сунчано вече једног Царског Дана.

НОЋНИ СТИХОВИ

Код Светог Јакова у Дубровнику

Ја волим ноћи, њине мутне зборе,
И њине тишине, и њине олује;
Њине црне реке када сетно хује
Своју песму тамну и дугу, до зоре.

Сваки цветак, камен, талас, лист са горе,
Шуме у тој песми, и шапћу и струје;
И моја се душа јасно у њој чује,
Као неко тамно невидљиво море.

Ја сам део ноћи. Над водом и хумом
Кад јутрењи ветри својим благим шумом
Погасе лагано беле звезде њене –

Она шуми збогом у одласку наглом,
И увија тужно, кô цвеће и стене,
Моје мрачно лице сузама и маглом.

ЈУТРЕЊИ СОНЕТ

Код цркве Св. Госпе од Милосрђа

Миришу јасмини и модри се ловор,
У сребрном јутру још спавају жали;
Дубоко у школу чуо се је говор:
То збораху први пробуђени вали.

И осећам где се буди, тихим шумом,
Успавана душа ствари́ око мене.
И мирише море рибом; док за хумом
Свод се стакли, шири, мру и задње сене...

Знам, некад кô дете, у свитање зоре,
Истим овим путем силажах на море,
И свагда ме срео нестрпљив шум вала.

Чујем и сад: хуји испод оштрих жала
Исти стих, још исти што ме некад срете –
Стих из строфе ко зна када започете.

ЗВЕЗДЕ

С острва Лопуда

Високо у грању мирно горе звезде,
И широка песма мора у тишини
Чује се око нас; и ти гласи језде
Кô да роса пада у сребрној тмини.

У њену сам косу уплетао страсно
Мокре ноћне руже. Путем пуним зова,
Ја јој љубљах цело ово вече јасно
Очи пуне звезда и уста стихова.

Све је шумно, сјајно; и лије из грања
Светлост, кô падање неке беле кише;
Маслинова шума у даљини сања...

А море је пуно звезда, па их њише,
И по жалу немом, празном и без сене,
Котрља их сву ноћ, кô песак и пене...

ЉУБАВ

Из Стона на Пељешцу

Стоји пуста црква без гласа и звона,
Сумрачна и хладна сву ноћ и дан цели,
А у напуштеној и немој капели
Сама плаче бледа жалосна мадона.

Кап за капљом клизи низа мрачне стене;
А кроз разнобојна окна једва доспе
Месец, да нечујно хладно сребро проспе
По ногама свете неутешне жене.

Ту се влажне сенке пружају и пузе;
Све воња на дуге молитве и сузе.
Мир је нем и леден. Сама бди мадона.

Тако неутешна твоја љубав. Она
Бди у души и сад, очајно, без циља:
А бледа јој рука и сад благосиља.

МЕСЕЧИНА

На Лападу

Месечина падне на старински мрамор
Широких тераца, и по чемпресима
Њеног старог врта. Тих се чује жамор:
То на обалама мре поноћна плима.

А моја је драга тужна свако вече
И када заплачу ноћне камелије,
Заплаче и она; суза што потече,
Нико не зна шта је, ни шта она крије.

Докле болно шуми изнад тамних вода
Тиха песма сфера у дубини свода,
И под вртовима док умире плима.

А кад проговори, у тој ноћи, где се
Буде само слутње, тај глас њезин има
Невесели мирис вечерње ципресе.

ВЕЧЕРЊЕ

Из Цавтата

Зарасло острво у шуми олива,
Кô црн галеб лежи насред морских вала.
Док вечерња магла изнад немих жала
Пада, кô заборав, нечујна и сива.

Пенуши се талас и мирно целива
Слано црно стење на рубу обала.
Видим врх звоника; то црквица мала
Вири из маслина, топола и ива.

Опет ноћ без мира. И сад из далека,
Вечерњега звона кад се чује јека,
Помињем те с болном сузом што се рони.

Нем, на изгубљеном валу, насред воде,
Прве сенке ноћи док расту и броде...
А с острва тужно звони, звони, звони...

ЈУТАРЊЕ ПЕСМЕ

ПРИЧА

О плоду збори цвет што падне,
И река о хуци плимâ;
О огњу сунца звезде хладне,
А сутон о свитањима.

Осмех за сласти бесконачне,
И крило за простор света;
О вечној срећи очи плачне;
Пад збори за тријумф лета.

И мир где зрње мрака ниче,
Да сав шум сферâ таји...
Звезде што падну, то су приче
Да и смрт зна да сјаји.

НАПОН

Завапи клица: желим нићи,
Из мрака, до врхунца!
Из прслих груди ја ћу дићи
Најлепшу химну сунца.

Завапи крило: да се родим,
Из страшног мучења крви!
Звездама мирним да забродим,
На сунце да стигнем први.

Завапи суза: вај, да канем
Из бола који грца!
Донећу на свет, када панем,
Прву вест људског срца.

ШУМ

Пође шум с горе јасенова,
Даде га шуми јелâ,
И букви буква, зови зова,
Прену се природа цела.

Бивоље стадо диже главу:
– Је ли то песма о моћи?
Шева чу химну небу плаву,
Буљина музику ноћи.

Јастреб се трже: ето лова!
И зец: зар ловац хити?
Звезда помисли: гле, ноћ с нова!
А гроб: о, да ли свити?

СУСРЕТ

Једне се ноћи беше срела,
На једној зрачној стази,
Душа у небо што се пела,
И ангел што на свет слази.

Ангел исприча причу сјајну
Шта су небески врти,
А душа целе земље тајну:
Магију љубави и смрти.

И осмехну се ангел потом
На царство вечних зрака;
Душа заплака за лепотом
Игре светлости и мрака.

ВЕЧЕРЊЕ ПЕСМЕ

РЕФРЕН

Знадем за неме сутоне,
Кад сав шум земље нестане –
Где срце за час престане,
А душа завек утоне.

Знадем за ноћи звездане,
Где се сва светлост пролије,
Да чашу туге долије,
Прокаже бола бездане.

Знам љубав кад се усели
У срца сјајне палаче,
Па тужна песма расплаче,
Радосна песма уцвели.

Знадем за часе чамотне,
Јесени горке, згружене:
Све ствари стоје здружене,
Само су душе самотне.

СУНЦОКРЕТИ

У тужном оку сунцокрета,
Што немо прати неба блудње,
Ту су све жеђи овог света,
Сва неспокојства и све жудње.

Шуме у страху свом од мрака:
„Бог је помало све штоза̂ри;
И светлости је једна зрака
Мера и цена свију ствари!...

Све је што живи на дну тмине
С проклетством немим на свет пало –
Све што не гледа у висине,
И није једном засијало!..."

С истока краљи, обучени
У тешко злато, стоје плачни;
И жреци сунца, наспрам сени
Просјачки вапе у час мрачни.

Те тужне очи сунцокрета
У мом су срцу отворене –
Али су сунца накрај света,
И тихо слазе мрак и сене.

Помреће ноћас широм врти,
Двореди сјајних сунцокрета,
Али ће бити у тој смрти
Сва жарка сунца овог света.

СЕТА

И давно траг људи куд неста,
Још широм по пољима плину –
Сав горки мир песме што преста,
И мирис жетве што мину.

И давно мрак падне већ вани,
И задњи лик ствари се затре –
А цврчци од сунца пијани
Још кличу за подне од ватре.

Све траје на великој њиви,
Све једном што суза нам зали;
Јер стократни живот проживи
Све оно за чиме се жали.

И срца мру, трошна међ свима,
И ташта и противуречна –
Но оно што на дну њих има,
Све само су делови вечна.

И траје све, као из клетве,
Кроз празна и печална места –
Сав мирис далеке жетве,
И горки мир свега што неста.

ПЕСМА МРАКА

Све војске ноћи језде,
Заставе мрака вихоре;
Ветар је разнео звезде
И задње лишће са горе.

Поноћни црни петли
Већ су се трипут чули;
У луци фар не светли
Где брод мој мирно трули.

Црни ће ветар да пири,
И кише падаће црне,
Док дан на окно завири
С детињим очима срне.

Нешто што вапи нама
Одувек и без моћи,
На даљњим обалама
Умреће ове ноћи.

ЧЕКАЊЕ

Дуго се у потоку купа
Јутарња звезда; већ зâри,
А свуд још страшна, и глупа,
И нема апатија ствари.

Прошле су звезде и сати;
И таласи под луком моста;
А сву ноћ ја чеках да сврати
Неког свог незнаног госта.

Сва копља јутра дуж неба,
Сва платна дана по долу...
А обед од вина и хлеба,
И лампа, још на мом столу...

Да ли је могао проћи
Мој праг у замрклој цести?
Чекам и чекам све ноћи
Тог путника с неком вести.

ПЕСМА

Изгубих у том немиру
Другове и све галије.
Који је сат у свемиру?
Дан или поноћ, шта ли је?

Дубоке ли су путем тим,
Господе, твоје провале!
Бусије с блеском краљевским,
Златне ме чаше тровале.

Сунцима твојим опијен,
Сјајем небеских равница,
Не знах за твоју замку, сен,
Дно твојих гнусних тамница.

И кад се откри путања
Сва сунца где су запала,
На мору твога ћутања
Као дажд ноћ је капала.

МЕЂА

Када се јаве на црти,
На крају туге и пира,
Високе планине смрти,
И хладна језера мира –

Ко чека на међи? О, та
Највећа тајна што траје:
Граница двеју лепота
И двеју сујета! Шта је?

То немо раскршће вера,
Мост бачен између срећа,
Та међа двеју химера –
Нег живот и смрт је већа!

Знам, чува безгласна жица
Све звуке неба и света,
И црна поноћна клица
Све боје сунчаног лета...

А страшна међа шта значи,
Што дели покрет од мира?
Шумна је река, кад смрачи,
Од својих обала шира.

Јован Дучић

Лирика

1943

ЧОВЕК ГОВОРИ БОГУ*

Знам да си скривен у морима сјања.
Али те стигне дух који те слути;
Небо и земља не могу те чути,
А у нама је твој глас од постања.

Једино ти си што је противречно –
Кад си у срцу да ниси у свести...
На ком се мосту икад могу срести
Свемоћ и немоћ, пролазно и вечно!

Води ли пут наш к теби, да ли води?
Крај и почетак – је ли то све једно?
Ко печате ти чува неповредно,
Ко твојим страшним границама ходи?

Јесмо ли као у исконске сате
Налик на твоје обличје и данас?
Ако ли нисмо, каква туга за нас,
Ако ли јесмо, каква беда за те.

Мој дух човеков откуд је и шта је?
Твој део или противност од тебе –
Јер треће нема! Крај твог огња зебе,
И мркне крај твог светила што сјаје.

---

* Ова књига [*Лирика*, 1943] је штампана у ограниченом броју примерака да се рукопис не би затурио приликом данашњег рата. Ове досад нештампане песме спадају у циклус „Вечерње песме" у 1. књизи Сабраних дела. (Ј. Д.)

Самотан свугде и пред свим у страху,
Странац у своме и телу и свету!
И смрт и живот у истоме даху:
Вечно ван себе тражећ своју мету.

СЕМЕ

У бразду бацих семе кедра,
Те непобедне свете сржи,
Којег у своду неба ведра
Нит олуј сруши нит гром спржи.

У светло јутро тога дана,
Бацајућ семе, рекох: – Буди
У мојој бразди крв титана,
Идеја силе сва у груди!

У простор бачен глас што стреми,
Да га небеса буду пуна!
И реч што никад не занеми,
И вечно будна божја струна.

А као песник, ти ћеш бити
Странац у свету и у гори:
Од осама се што усхити,
Од хладних звезда што сагори.

ПУТ

Да пођем уз реку, све до врела,
Да знам и извор и ушће!
Али ме најзад и ноћ срела,
А црно трње све гушће.

Падне ли звезда с немим мраком,
И оде из сене у сену,
Срце се дигне њеним траком:
Ка месту откуда крену.

Где је тај светли извор, шта је
Та истина прва, далека?
Не води ништа у те крају!
Све дубља и црња је река.

Да најзад с чистог захватим врела!
Да спојим извор и ушће!
Али ме најзад и ноћ срела,
А црно трње све гушће.

Тако селица јато гладно,
Све море прешавши зрачно,
Падне по трњу: за њим хладно,
А пред њим немо и мрачно.

ПОБОЖНА ПЕСМА

На чему зидам цркву, на чем?
На стени, песку или блату?
Личи ли страшни ангел с мачем
Судији моме или брату?

На мосту међу обалама,
Збуњен и крвав од свог ланца,
Кога ћу ноћас срести сама –
Убијцу или доброг странца?

Господе, знам ти клицу чудну
У свем мом добру и у квару,
Јер огледаш се мени у дну –
Као небеса у бунару.

Сенка је твоја дан што зари,
А ја те трагам у час сваки:
О боже увек неједнаки,
И друкчији у свакој ствари!

Хоћеш да сазнам духом холим
Све замке путем злим и правим,
Издајство друга којег волим,
И лаж у срећи коју славим.

Али ја стојим срца празна,
За сваку тајну зла и добра;
Руку је моју снашла казна
За плоде које и не побрах.

Искушитељу, пун сам страха,
По беспућу и блату стида;
Смрзавам од твог топлог даха,
У тми без свести, злу без вида.

Али сам невин, јер ја страдам;
И чист јер чекам дан открића;
И новорађан јер се надам;
И пијан само од твог пића!

Хулим у мисли коју родим,
А тобом трепте моје струне:
Не видим пута којим ходим,
Али су очи тебе пуне.

СУНЦЕ

Кроз мој сâд река тече,
Света и обасјана;
Увире сва у вече,
Извире сва из дана;
Светла реч Бог што рече
Да плоди тло Ханана.

Виноград мој у страни,
И трешње већ у цвету.
Одозгор у час рани
Зазори целом свету!
Туде се бију за нас
Вечито Јуче и Данас.

На песку мога врта,
Разливен сав у злату,
По сунчаноме сату
Један зрак с неба блуди:
И равнодушно црта
Пут земље и век људи.

СЛУТЊЕ

Тај замор без сна и без помоћи,
Без жеље за пир и за ловоре:
У ове моје горке поноћи
Све слутње дођу да проговоре.

За тобом трагам кроз све продоре,
Жено, злим морем слутње тучена –
У месечеве светле одоре
И магле звезда сва обучена.

Приказе сву ноћ слазе с тавана,
Сто ножа моје руке требају!
Ноћас ме кроз мрак, као Гавана,
На раскршћима маске вребају.

Како су тамне ноћи звездане,
И страшне замке празних путања!
Како су пуне редом бездане,
И како кобни гласи ћутања.

ПЕСМА

Ноћ је најадном пала црна,
Као под крилом гаврановим.
Беле ће руже с оштрог трна
Да плану рано с даном новим.

Учаурена буба ћути,
И преде свилу за плашт Цара;
Запалише се Млечни Пути,
И препуни се сребром бара.

Зрно у мраку журно клија,
Да га израсте цела шума!
А на мом путу сама сија
Сумња, то сунце мога ума.

ГОЗБА

Кад прођу дани, ко ће знати
Да каже повест о њима –
Пролазе као луди свати,
На белим и бесним коњима.

Ја расух песму као море,
Сви од ње звуче гајеви;
И блага која у дну горе
Чуваху љути змајеви...

Мину са својом свитом целом
И љубав с њеним болима,
Са пажевима и са велом,
Плачна у златним колима.

А крв још пуна жеђи бесне –
Жеђ мача и кад мирује! –
Да сваком чашом о под тресне,
Као кад тиран пирује.

Као да у сјај мојих вода
Још суза није канула,
И да је јутрос с младог свода
Први пут зора сванула.

БОГУ

Никад се нисам на те бацио каменом,
Нити у своме духу твој сјај одрицао;
И свој пут пређох цео са твојим знаменом,
Свугде сам тебе звао и свуд те клицао.

Из свију ствари ти си у мене гледао,
Твој громки глас сам чуо у морском ћутању...
С болом пред ноге твоје свагда се предао,
Само за твојим жишком следио путању.

А од тебе се никад нисам одвајао,
Стога и не бех самац у дну свих осама...
Због тебе сам се клео и за те кајао,
Кад падне горко вече по горским косама.

У машти сам ти беле свуд цркве зидао;
И за молитве сам твоје у звона звонио;
За твога благог Сина и ја сам ридао;
И ђавола сам црног с твог крста гонио.

А ти што сазда сунца и плод оранице,
Био си само Слутња, болна и стравична:
Јер свака Истина духа знаде за границе,
Једино наша Слутња стоји безгранична.

НАТПИС

С мора на чијој црној плочи
Сва мирна сунца седају,
До на брег смрти, с кога очи
На оба света гледају –

Понор по понор, где год сину
С небеске светле чистине...
Док путић једном најзад мину
Између сна и истине.

Вај, ништа више да не прене
Тај пухор сна и замора,
Пењи се тихо, зимзелене,
Уз плочу бледог мрамора.

СЕНКА

Иде сен моја поред мене,
Огњена сабласт и цин модар;
Преда мном као вођ без смене,
Као жбир за мном, нем и бодар.

Пред шумом преста да ме прати,
За шумом већ ме опет чека;
Пред праг ће цркве збуњен стати –
Тај предисконски страх човека.

Тај знак што мркне и што сјаје,
Тај говор неба речју тамном!
Докле ће ићи и што траје –
Та горка игра сунца са мном?

Све ће под небом даље сјати,
А сен и човек, два близанца,
На раскршћу ће неком стати
Да оба збаце терет ланца...

Но тражиће се, док дан сија,
Две судбе вечно сједињене:
Сенка од земље безмернија,
И човек лакши и од сене.

ЈЕСЕЊА ПЕСМА

Први ветри с цвећа носе
Све петељку по петељку,
Селице за горске косе,
И звезде за црну реку.

А ништа ме не погледа
Још једанпут; све нестаје,
Све се жудно овде преда
Овој смрти која сјаје.

Све су очи засењене
Тихог мрења том лепотом;
И свака ствар што се крене,
Зажуди да умре потом.

Вај, зна само дух човека
И за живот и за мрења:
Две обале усхићења,
Које плоди иста река.

КОБ

Срце са својим златним кључима
Бије у браве тамне капије,
Где ћути зла и недокучима
Истина моја која вапије.

А лаж са уста која пољубим
(Отров у златној чаши причести,
Убијца с мачем својим стогубим)
Мрачи све путе моје ничести.

Сјаји дан међ црним борима,
Мркне ноћ измеђ белих кринова,
Божји лик трепти на свим морима,
Сваки час свемир ниче изнова.

А веру моју црква убила,
А моју сумњу страх заледио,
Уста ме лажи само љубила,
Издајник само за мном следио.

Мој се дух божјег вина напије,
Срце се светој речи отвори,
А бдим пред страшном бравом капије,
Као пред градом где су злотвори.

ПУСТИЊА

Дивови сунца, као ветри,
Пролазе овуд с неба врућег,
И мину горке речи две-три
Пророка негде вапијућег.

Ноћ овуд свугде смрћу заспе;
Али већ јутром, дан без гласа
Све љубичице Парме распе,
И светле руже из Шираса.

Има и на тлу очајноме
Увек кап Божја која капи,
И крвожедни крик Саломе,
И један пророк који вапи.

Нигде ни пустош није сама,
Свуд срце људско себе сеје,
Свуд се усели људска чама —
Све се на нашој крви греје.

Свуда где дође бол човека,
Испуни понор који зјапи:
Од једне сузе тисућ река!
И свуд по један пророк вапи.

НОЋ

Падају сутони први плави,
И звезда већ зрачи с речног дна.
Засипа с топола мир по трави...
Анђели веслају барке сна.

Нестаје и с даном део мене,
Путима незнаним куд и све...
Лагано као што и цвет вене,
Умиру јесени хладне, зле.

А када у тренут неки касни
Све ствари зажеле задњег сна –
Пред ким ће поћи да негде засни
Ледена звезда са речног дна?

ПЕСМА

Господ ме сеја цело време,
И свуд сам нова реч и знамен –
У белом хлебу прво семе,
У тврђавама први камен.

И први пољуб заљубљених,
И нож у руци харамије,
И молитва из срца смерних,
И сан на песку гладне змије.

Господ ме сеја прегрштима
Пољем што вечна сунца плаве,
Да будем његов знак међ свима,
Његова златна труба славе.

И бродолом у освит ведар,
И очајников крик за снагом;
И на Либану сјајни кедар,
И страшна војска пред Картагом.

Господ ме сеја целом шаком
У часу светлу и голему,
Да будем јутро дану сваком,
И његов глас и кључ у свему.

На пустом путу атом праха,
У небу сунчев круг и слика,
Жижак у дому сиромаха,
Суза у оку мученика.

ХИШЋАНСКО ПРОЛЕЋЕ

Видик се крвљу сав зарубио,
Први кос пева танко и тање.
Аждају Свети Ђорђе убио,
Сребрним копљем баш у свитање.

Крај цркве чемпрес црн загустио,
Христово јагње овца родила,
И Свети Марко орла пустио,
И Свети Тодор свог крокодила.

Голубица у сунцу синула,
Са лишћа капљу свете арије...
Два апостола туд су минула
С поруком сина чисте Марије.

Крај реке зраче бели кринови,
Пада сноп зрака с неба средине:
И сја ореол вечни и нови
Јагњета што гре преко ледине.

ТАЈНА

Кад мину месец жут за косама,
Тада с небеских црних ледина, –
Као кап паде та реч једина:
Тад појмих шта је моја осама...
И појмих као отет чарима,
Шта значи страх мој међу стварима.

Развије јутро као пламене,
Хиљаду белих крила по мору,
А светлом земљом проспе знамене,
И речи свуд по белом мрамору.
Тад су пред тајном што је морила,
Сва уста ствари проговорила.

Творче, кроз олуј и кроз ћутање,
Слушам све твоје сјајне гласове;
А чекам кад све минеш путање,
Пољем кроз наше светле класове,
Крај пута к мени атому скривеном,
Да приђеш у те часове:
И ословиш ме правим именом.

ПУТНИК

Ја сам тај путник што је кренуо
У предисконско прво свитање,
За путем увек пут променуо
Međ звездама кроз вечно скитање.

У смрт и живот, трен и трајање,
Из облика у облик ходећи,
Вечити покрет кад и стајање,
И увек нов у новој одећи.

У олуј сунца и у мракове,
Као Реч чиста некад бачена,
Свих праоблика носећ знакове:
С краја до на крај нит провлачена.

Сејач и семе, реч и обличје,
Од прапочетка исто начело;
Закона истих хладно заточје –
И једно у свем што се зачело.

Али у патњи вечних промена,
Свемоћни! дух мој сада вапије
За првим јутром тим без помена,
За чистим прагом прве капије.

Прођох све своје страшне путање
Звезде и мрава; с тобом ходећи,
Сав круг обиђох; познах ћутање
Ствари у њиној сјајној одећи.

Сад опет куцам на тим вратима
Са којих пођох; опет вапијем,
Клица живота неповратима,
На првом врелу да се напијем!

Да стрела с другог копна бачена,
Ко зна за коју коб изливена,
Врати се с овог пута смрачена –
Свом стрелцу ком и не зна имена.

ЗВЕЗДЕ

Кад небо засја прво вече,
Чу се глас звезде с видокруга:
– Ја сјам за срећне, једна рече.
– А ја за бедне, каже друга.

– Ја краљевима, збори трећа.
– Ја херојима. – А ја робљу.
– Ја заљубљеним! – А највећа:
– А ја за дугу ноћ на гробљу.

– А ја ћу, чу се из тог шума,
Светлости таште дати реку:
Као Божанство, та коб ума,
Што сјаји само у човеку.

ПОВРАТАК

Кад мој прах, Творче, мирно пређе
У грумен глине ужежене,
Тад неће више бити међе
Између тебе и измеђ мене.

Кад сврши ропство два начела
Духа и тела, зла и добра,
Пашће тад уза свих почела
У задњој берби коју обрах.

И постајући безобличан,
На повратку свом старом путу –
Теби ћу бити опет сличан,
И првом дану и минуту.

Носећ у шаци прегршт сунца,
У зеницама неба комад,
Сићи ће најзад са врхунца
Тај астрални и вечни номад!

Као у сјају новог дана,
Дирнута крилом ветра блага,
Гранчица мирте зањихана
Не оставивши нигде трага.

ХИМЕРА

Памтим те путе куд сам једрио
Морима што су вечно зрачила;
Чији се видик увек ведрио,
А слутња никад не помрачила.

Тај архипелаг где су цветала
Тек откривена поља румена,
И химерична јата слетала
На младу бразду првог грумена.

Где непроходне шумске пагоде
Држе у небу звучне сводове;
Где дају, као светле јагоде,
Све тајне сунца своје плодове.

Први пут небо ту засијало
На људску срећу и на болове;
Ходисмо туд где све је клијало,
Само Бог и ја кроз те долове...

Ја одох даље новим лукама,
До звезда брод је мој узлетао:
А држим и сад још у рукама
Неки цвет црн што ту је цветао.

СУНЧАНЕ ПЕСМЕ

ПОЉЕ

Јечмена жута поља зрела,
Речни се плићак зрачи;
Купина сја сунчана, врела,
Ту змија кошуљу свлачи.

Пут прашљив куд се мравâ вуче
За четом црна чета;
Железну жицу цврчак суче,
Најдужу овог лета.

И скакаваца мину јато...
С топола јастреб млади
Баци у сунчев сјај и злато
Свој крик вечите глади.

СВИТАЊЕ

Јутарњи стрњик мори слана,
Из поља нешто тешко вапи,
То плитку реку дави брана
И кида јетки напор слапи.

Међ насипима вртлог хучи;
И као громка обест џина,
Под тешком стеном што се мучи,
Из гротла стигну гласи млина.

На брегу изнад мокрог крша
Први зрак сунчев тек се роди,
И невесело залепрша,
И угасне на плиткој води.

СУША

Већ месецима огањ дажди,
Препуклу земљу мори суша;
Најзад ће сунце сад да зажди
Замрли гајић оскоруша.

Сув поток крај ког мртво ћути,
Без гласа и без прама дима,
Сеоце; само златом жу́ти
Тиква по врелим вртовима.

Све жега мори као чума;
Долина пуна немог страха;
У пољу насред белог друма
Вештица диже стуб од праха.

ЋУК

Над смреком прва звезда блисну,
Чу се ћук; негде вода засја.
Под кишом мрака жали кисну,
Омара дуну с црна класја.

У поноћ ће на глухом копну
Вечерас уштап да се роди;
И једра ноћи да се попну;
И ваздушасти пођу броди.

Све војске мрака кад отплове
Спрам месечевог немог лука,
Овде ће болно још да зове
Закаслу звезду гласић ћука.

ШУМА

Сва сунцем шума испуњена,
Мирише зрак од новог меда,
Жути се млади шипраг клена,
У небо први козлац гледа.

Уз стабла журе војске буба,
Жагор се свуда страшно чује
Од кљуна, сврдла, длета, зуба;
Пауци преду, детлић кљује.

А Недеља у шуми села,
Чека кад први одмор доспе,
Да широм поља брзо проспе
Крвавих булки мора цела.

МРАК

Иде ред црних јабланова
Сву ноћ кроз мрачно поље жита.
Крај пута негде хукну сова,
Месец се јави иза рита.

Мрак тече густ кроз црну драчу;
Таласић клизну испод грàба.
Најзад се очас негде зачу
Први славуј и прва жаба.

СУНЦЕ

На житу пламти јара врела,
Јули ће све да затре;
Дитирамб сунцу пева пчела –
Све речи од саме ватре.

Не чезне брдо дах да нађе,
Нит шума за сен вапи;
И река пре но сунце зађе
Жели да умре до капи.

Спрема се класје све да падне,
И лишће пред ноге пању;
Да земља данас жудно знадне
За лепу смрт у сјању.

КИША

Недељу дана дажд ромиња,
Корито речно пуно муља;
Досадно, горко; и дан тиња,
Као лампа без капи уља.

По стрејама по ваздан чучи
Голубље јато, док не цркне;
Прљава вода одсвуд хучи,
И већ од подне тихо мркне.

Окна се гасе; и ноћ зија
Језива. Канда у те доби –
На прагу стоји весник коби,
А зидови су пуни змија.

ОМОРИНА

Препукла земља жедна вапи,
Од Илин-дана огањ пржи;
Корито речно празно зјапи,
Једва се лист на грани држи.

Ни дах да пусти шума не сме;
Вече; зрак препун слепих миша;
Жабокречина пуна песме...
Ноћас ће најзад пасти киша.

Југ црн и сева; но, наједном,
Дажд пређе преко виногради...
И блисну према селу бедном
Крвава, страшна, звезда глади.

БОР

Голем и мрачан, невесело,
Стоји, безимен као травка;
У њему хучи горско врело,
И ноћу преспи једна чавка.

Усамљен вечно, страшна грмен,
У први сунчев тренут сјања,
Низ озарену баци стрмен
Црни сен свога очајања.

А ноћу небу завихори,
Кад зна да болно све занемље —
И звездама по сву ноћ збори
Горке самоће ове земље.

ВЕТАР

Прену се као птић у џбуну
Плашљиви први дах и струја;
Но тек што сиђе брдо, груну,
И огласи се сав олуја.

На мочварној се изви њиви;
Он – малочас што се сплете
У рупцу жене, коњској гриви –
У небо с криком сад полете.

Сва гора паде... смрзну река...
Али већ одмах, пред ноћ глуху,
У шупљу трску залелека,
И умре на једном листу суху.

НОЋ

Већ сја Кумовска Слама...
Јејина, сва од свиле,
И с ватром у зеницама,
Диже се летом виле.

С целога небосклона
Блисну у једном трену,
Да би по земљи она
Бацила своју сену...

И спази, покрај пута,
Са неког пања трула:
Сав космос да заћута
Да би се она чула.

АПРИЛ

Дажд мину као после гатке;
Свод сличи пољу пуном ружа;
Одасвуд гласи дивље патке,
Зелено брдо пуно спужа.

Задњи прам магле негде пуши,
Кроз мочвар вришти луда јата;
Жут поток с брега песак руши,
Сунчево злато сја из блата.

Спрам свода зрачна и дубока
Јутрос се роди, с песмом жабе,
У чаши прве висибабе,
Април, с два крупна модра ока.

БУКВА

Цело је небо у њу стало,
Сенке јој као провалије;
И све је поље за њу мало,
И поток мрава из ње лије.

Пролазе кроз њу сјајне вреже,
И један црни рефрен злоћи;
Јејина једна ту сад леже
Новог и страшног цара ноћи.

Стоји под сунцем које дажди
Тврђава усред поља нага.
А гром једанпут кад је зажди,
Нестаће као бог, без трага.

МРАВИ

Све путем који води слави,
Кренуше као војске мрака.
Биће се данас као лави
У ноћи туђег мравињака.

Учиниће га општим гробом,
Свуд оставивши смрт и сенке;
Понеће своје мртве собом,
И ново благо, и све женке.

А вратиће се мирно тада,
Све као реке које плаве, –
Докле за крвав запад пада
Крупно и страшно сунце славе.

НЕДЕЉА

Већ зора сребри хумке риђе;
Пођоше најзад небом смело
Сва бела стада јутра; сиђе
И Недеља у немо село.

У цркви мирно држа свећу;
На раскршћу, у хучном долу,
Додола та је, сва у цвећу,
Играла ту у сваком колу.

У касну поноћ крену кући,
Кад уштап засја из планина;
И оде тешко посрћући,
Од сунца и од новог вина.

ДУША И НОЋ

ДУША

Зашто плачеш, драга, сву ноћ и дан цео:
Изгубљена срећа још је увек срећа!
И тај јад у души што те на њу сећа,
То је један њезин заостали део.

Не дај мутној сузи на суморно око:
Срећа никад не мре, ни онда кад мине.
Тај ехо ког једва чујеш из даљине,
То још она збори у теби дубоко –

У самотне ноћи, кад жалосно шуме
Реке пуне звезда, горе пуне сена...
До слуха та песма не допире њена,
Но душа је слути, чује, и разуме...

НОСТАЛГИЈА

Јесење поподне мре у завесама,
Тужно цвили ветар из далеког грања.
Мир. То је свечани тренут кад се сања.
И кад душа хоће да остане сама.

Често у те сате са сузом у оку
Ја осећам тихо у болима дугим:
Све је покидано са мном и са другим,
И чекам однекуд нову реч дубоку,

И докле се деле светлости и тмине,
И ноћ пада као паучина мека:
Све нàтпēва хучна музика тишине!
Све надвиси неми глас који се чека!...

НАПОР

Када ме замори равнодушно, бедно
Време, у часима безбојним и сивим,
Рађа ми се жеља: ја бих да доживим
Или срећу или несрећу, свеједно.

И та тамна жеља негде у дну груди
Расте, кô поплава какве мрачне сене.
И свакога јутра будна је пре мене;
И често загреје, и често застуди.

У души засветли... које је то доба:
Зора или вече? Плам што је заблисто;
Шта је? Мислим љубав, а оно је злоба!...
А мени се чини тако једно исто...

САПУТНИЦИ

Све за својим путем, ја сам жудно хтео
Све за својим путем! Али заман муке:
На раскршћу сваком увек сам се срео
С кажипрстом кобним невидљиве руке.

Хтедох у свом срцу да глас себе чујем,
А ја чух у слуху глас ко зна од куда...
Хтедох да се отмем, да сневам, да снујем:
Друштво невидљивих пратило ме свуда...

Ја где сам? завапих. Моје дело где је?
Кога следим вечно, несвесно и страсно?
И у мени самом колико је мене?
Колико?... Све ћути. Ах! то је ужасно.

ЉУБАВ

Је ли ово љубав, или болна једна
Потреба да љубим? Ова жеља плава,
Је ли жеља срца моћнога и чедна?
Или напор душе која малаксава?

Је ли ово жена коју љубим, збиља?
Ил' сен на проласку преко мога пута,
Тумарање мисли без свести и циља,
И све дело једног болнога минута!

Не знам; но на међи тога сна и јаве,
Видим моје срце да чезне и пати.
И сузе кад дођу, ране закрваве –
Ја ни онда од тог ништа нећу знати.

СОНАТА

Хтедох да ми љубав има лице сретно,
Као речна нимфа, чије власи дуге
Весело црвене; али беше сетно,
И косе јој беху тамне, кô у Туге.

Хтедох да запевам млад дитирамб среће,
А ја најтужнију испевах поему;
Почнем да се надам, а осетим веће
Неку слутњу давну, заспалу и нему.

Тако нову жељу прати суза стара;
Тако нова љубав у часима холим
Неосетно ране старинске отвара –
Па ме страх да желим, и ужас да волим.

ТАМА

Иза јабланова још ни сад не жути
Задоцнели месец. Још са црних трава
Дува тамни ветрић. Како страшно ћути
Пролеће у ноћи, пролеће што спава...

А из бледог неба у тој немој тмини,
Често кô да тихо црни снег поврви.
Какво кобно вече! У болној тишини
Чини ми се чујем хуку своје крви.

Чујем у дну душе глас некакав сетно,
Кô глас у дубини ноћи. То је само
Једна мутна жеља прошла неосетно,
Ко би знао за чим, ко би знао камо.

ДОСАДА

Цело послеподне на мом прагу седи
Досада, и гледа налакћена мене.
Очи су јој мутне, челичне, студене,
А усне замрзле и образи бледи.

Не чује се никад да помути дахом
Ни тренут тишине за то цело доба.
Дан умире мирно: а моја је соба
Испуњена чудним слутњама и страхом.

И немо и споро ослушкује тада
Неку тамну јесен у души, где тако
Дан гасне без туге, без свести, полако...
И чујем, у мени лист за листом пада.

СТРАХ

Зашто волим тако све оно што мине,
И радост, и боле? С каквом жељом тамном
Ја лакомо слушам тај глас из даљине,
И погледам на пут који оста за мном?

Каква је то веза међ душе сада,
И тих дана што су протекли, кô вода?
Зашто већма волим вече које пада,
Но пурпурну кишу из јутрењег свода?

Често ми се чини да кô ноћна плима,
Све у мени шуми од спомена сиви:
И да ми је срце препуно, и има
Страх да иде даље и да што доживи.

ЕКСТАЗА

Остаће далеко за мном ови пути,
Нестаће и ове сузе куд и друге,
Ја ћу нове жеље у свом срцу чути,
Као нове ласте. У вечери дуге,

Прах сребрних звезда док лагано пада,
И с цвећа се диже свила, као косе,
Моја нова љубав родиће се тада
Као нови листак и нова кап росе.

И крај друге жене ја ћу да се надам,
И да своје срце расипам и губим:
И опет мислећи да први пут страдам,
И први пут желим, и први пут љубим.

ЗАМОР

Очи су ти данас пуне топле тајне,
По пољубац има у погледу сваком;
И има у гласу тужном, неједнаком,
Обећање среће нове и бескрајне.

Доста, јадна жено, све је залуд! Доста!
Ми смо једно другом давно све већ дали.
Погасимо лампе пира! Као вали,
Све је већ протекло, и ничег не оста...

Још један дан само хтели би свом снагом,
Један, само један! Вај, док се, све брже,
Кроз кобну ноћ чује како бесно рже
Пар злих црних коња, већ спремних, пред прагом.

РЕФРЕН

Сневај, да увидиш да пролазни снови
Још најближе стоје постојаној срећи;
Да не питаш никад, зашто јади ови,
А не који други, а не који трећи.

Љуби, љуби силно, увек истоветан,
У љубави само ти ћеш јасно знати:
Како мало треба да се буде сретан,
И сто пута мање да се вечно пати.

И умри, да спасеш веровање чисто,
Да си кадгод стао пред истином голом:
И да у животу ниси једно исто
Једном звао срећом, а други пут болом.

ВРАЋАЊЕ

Кад ми опет дођеш, ти ми приђи тада,
Али не кô жена што чезне и воли,
Него као сестра брату који страда,
Тражећ меком руком место где га боли.

Пуна носталгије безнадежне, дуге,
Не сећај ме никад да би могла доћи
Задоцнела радост из дубине туге,
Кô поноћно сунце из дубине ноћи.

Јер ти не знаш, бедна! кроз све дане дуге
Да те вољах место ко зна које жене!
У твом чару љубљах сав чар неке друге...
И ти беше само сен нечије сене...

СНОВИ

Вај! како то боли рећи једно збогом!
И колика рана отвори се тајна,
Кад и за толиком нашом сузом многом,
Опет падне једна суза опроштајна.

Напред! Али куда, и камо, и зашто?
И зар увек исто, и све тако вечно?
Па како то ипак боли неизлечно
Кад сврши сневање, и празно, и ташто...

И обамре снага, и занеми вера,
Док жеђ тамног срца постаје све већа;
Тад видиш да често, колико и срећа,
Вреди једна топла и лепа химера.

КРАЈ

Хоћу у твом срцу, после тамних јада,
Да оставим једну носталгију дугу:
Па све када прође, да се сећаш тада
Са болом на срећу, с радошћу на тугу.

Хоћу моја љубав, кад све једном падне,
Да у теби умре, као у дан сиви
Што мре грмен ружа: мирис који дадне,
То је болна душа која га наџиви.

И кад ови дани за свагда прохује,
И кад опет хтеднеш чути моје име,
Хоћу да се оно у твом срцу чује
Кô шапат пољупца и уздисај риме.

САТИ

Како брзо живим! Како сати дуги
Пролазе, кô беле птице. Нит знах само
Чим су повезани један дан за други,
Нити кад запитах: зашто све, и камо?

У ногама сфинкса преспим сваке ноћи,
Са срцем што није ни срећно, ни плачно,
За све што је прошло и све што ће проћи:
Јер сваки је тренут нешто бесконачно.

Ја не имах никад ни минуте неме,
Да питам куд оде уздах што одлеће:
Толико је увек било кратко време
Између две сузе и измеђ две среће.

СТИХОВИ

Ове мирне песме осенчене јадом,
То су ехо речи што се нису рекле,
Туге што је расла и умрла крадом,
И суза што нису никада потекле.

У дубоко вече, кад угасну стазе,
Душа мртвог дана, суморна, још ходи,
И шуми: кô тамне, искидане фразе
Музике у ветру, у грању, по води.

Тад се јави ехо непамћеног јада,
И бол неке давно преболеле ране...
Но како је срцу, нико не зна тада,
Задоцнела суза кад пође да кане.

ПЕСМА

Пренуће се опет моја душа сетна...
Можда зрачак сунца, најмањи шум горе,
Доста ће јој бити па да буде сретна,
И да се разлије звучна, као море.

Прићи ће ми нежно у данима овим,
Као илузија добра, нека жена;
И радосно тада по звездама новим
Тражићу свој усуд за нова времена.

На нову обалу ја ћу ногом стати,
Да у новом руху загазим у цвеће...
Тако јадна душа никад неће знати
Где беше крај бола, где почетак среће...

СУЗА

Кô јесења шума тако умираше
Цео један живот тихо и нечујно.
И још носећ срце и жељно и бујно,
Ми смо осећали задње дане наше.

Мотрећи у кобни символ што се диже,
Душа нам се мрзла и тровала тугом;
И држећ све чвршће руку једно другом,
Ми смо корачали раскршћу, све ближе.

Ми смо своју сузу крили у том часу,
Ону сузу чедну, свету, неумрлу:
Но она се свагда јављала у грлу,
И увек се тужно расула у гласу.

РАПСОДИЈА

Да ми је да љубим као некад прије –
Без наде и среће; вај! да ми је моћи
Испунити опет целе своје ноћи
Сузама и слутњом којој конца није.

Да ми је да волим као пре, пун мрачне
И свирепе сласти да патим и страдам;
И уживајући у болу што задам,
Да не љубим очи него кад су плачне.

Да ми је да волим срцем, које тајно
Све носећи сумњу страшнију и већу,
Не зна за врлину, јер не зна за срећу,
И што мрзи болно, јер љуби очајно.

МИР

Хтео бих да знадем љубим ли и сада –
И да добра нека светлост продре сени,
И тишину овог умиреног јада,
И падне на тамне путеве у мени.

Да знам од куд тишти на дну душе тајно
Неки мир што шуми, и песма што ћути,
Док, кô задње птице кроз вече бескрајно,
Очајно се журе закасли минути.

Нит што више желим и нити што хоћу,
Нит зна суза сама кô некад да лије,
Да туга нарасте, као река ноћу...
А све можда зато што љубим кô прије.

РАСТАНАК

Опет сам те срео тамну, пуну сете –
Браниш невидљивој сузи да потече;
Кô сен безнадеждни, тако, јадно дете,
Ти беше поред нас цело једно вече.

Све беше одавна нестало међ нами,
И љубав, и мржња. А наше две стране
Душе осећаху, ипак, кô у тами:
Кипе две-три сузе још неисплакане.

И негдашњег срца, никад неречена,
Притајена, тамна, реч хтеде потећи...
А кад пође као безнадеждна сена –
Никад можда нисмо били ближе срећи.

ВЕЧЕ

Мре потоња светлост и постаје смеђа,
Октобарско сунце гасне иза хума...
А твоја је душа пуна болног шума,
Тешка суза стала у дну тамних веђа.

Док у твоме врту дан очајно тиња;
У тамној се сенци расплакале чесме;
Шуми гора, као роса да ромиња,
А у теби хује риме моје песме...

Хује тамне риме, кô мистично врело,
Кроз лишће, и звезде, и сен што још пада:
У свакоме стиху има суза јада,
У сваку је строфу легло срце цело.

ИЗМИРЕЊЕ

И када те живот болно разочара,
И када престану и жеље, и снови:
Оно што нам врати једна суза стара,
Вреди један живот незнани и нови.

Памти што је прошло, с пуно вере неме,
Кроз све дане дугих страдања и менâ:
Чувај своју прошлост за суморно време
Кад се живи само још од успомена.

Па ћеш да запиташ једном, и ненадно –
Našто само сузе, нашто боли само?
И шта да икад жали срце јадно,
Када је све наше, све што осећамо!

ПУТ

Да ми је да нађем нови ритам неки,
И горду способност којој не знам име,
Да свагда без страха пут пређем далеки –
Пут од једног бола до његове риме.

И да моја мисô никад не залута
У том своме часу свечану и ретку,
Увек свету ватру носећ целог пута,
Велику и светлу, као у зачетку.

И да накрај песме не осетим тада
Боле које ништа не може да спречи:
У души остане још толико јада,
За које немамо ни сузе, ни речи.

ГАМА

Не! та болна љубав коју срце наше
Сад куне у своме очајању дугом,
Беше можда мржња која нас враћаше
Увек у загрљај кобни једно другом.

Ми смо се љубили мржњом у то доба,
Чежњивом и тамном мржњом. Вај! што мучно
Беше, када једном неста и та злоба
Која нас држаше дотле неразлучно.

Најзад, стисак руке безнадеждан, ледан!
И ми тад метнусмо у очају многом –
Целу своју душу у пољубац један,
И сав отров мржње у последње збогом.

СУСРЕТ

Чекасмо се дуго, а кад смо се срели,
Дала си ми руку и пошла си са мном.
И идући стазом нејасном и тамном,
Искали смо сунца и среће смо хтели.

Обоје смо страсно веровали тада
Да се бесмо нашли. И ми нисмо знали
Колико смо били уморни и пали
Од сумњâ и давно преживљених јада...

И за навек кад се растасмо, и тако
Стежући своје срце рукама обема,
Отишла си плачна, замрзла и нема,
Кô што беше дошла, тужно и полако.

РЕЗИГНАЦИЈА

Не прокуни никад то присуство јада,
У вечери глухе, крај мртвог огњишта.
Јер како је празно наше срце, када
Нема у животу да оплаче ништа.

Твој бол беше извор све твоје чистоте;
Он је твоја младост, лепота, и тајна;
Не прокуни тренут који ти све оте:
Само си у патњи постала бескрајна.

И ослобођеној од смрти, без уза
За све око себе – сад нови пут сија:
Кад познамо чари покајничких суза,
Тад постане љубав једна религија.

СЛУТЊЕ

Како време тече тромо и безлично,
И болна се слутња почиње да буди:
Да и осећаји старе, као људи,
И све једно другом да је тако слично.

Ове бесанице нове, растрзане,
Чини ми се исте као стари боли;
И све нове сузе што малочас проли,
Кô сузе од јуче, кô сузе од лане.

И сва ова љубав коју срце сније
Што се чини тако и млада, и нова –
Све је осветнички фантом старих снова:
Кобни ехо речи изречених прије.

СРЦЕ

Срешћемо се опет, ко зна где и када,
Ненадно и нагло јавићеш се мени –
Можда кад у души болно застудени,
И у срцу почне први снег да пада.

На уснама нашим поникнути неће
Ни прекор, ни хвала; нити туга нова
Што не оста више од негдашњих снова
Ни капља горчине, ни тренутак среће.

Али старом страшћу погледам ли у те:
То нове љубави јавља се глас смео!
Јер што срце хоће, то је његов део –
Увек нови део од нове минуте.

СИМВОЛ

Гледам твоје крупне очи заљубљене,
Где сја ватра – ко зна – грешна или света.
Свеједно љубиш ли другог или мене:
Ти љубиш невино као цвет што цвета.

Љубав би ти моја била заточење,
У твом безграничном, граница и мета;
Таква, вечна жено, кроз живот и мрење
У слави инстинкта ти си само света.

Ти си сат од којег небо зарумени,
Симбол већи него бол људски што грца;
И ти си божанству ближа него мени:
Више закон света, него закон срца.

РАСПУЋЕ

Ја не знам раскршће на ком смо се срели,
Некад, као странци, са два разна пута;
Кад нит смо то знали, и нити то хтели,
Једног безименог и страшног минута.

Као у дворани огледала̂, и ти
Сад у свакој мисли боравиш по једна.
И цела исткана из сунчаних нити,
Као крупно једро стојиш, недогледна.

Хоћеш ли остати или проћи? Куда
Иде твоја бразда? Какво семе клија
Путем твог триумфа? И да ли је свуда
Само тамни бездан где твој фар засија?

ОПСЕНА

Ти си као звезда једног јутра славе,
А у мени оста као црна рана;
Ти си триста врела што брује и плаве –
Да сва буду једна суза отрована.

Беше као царска галија кроз пене,
С гласом о победи; беше у час зоре
Химна земље сунцу; а само за мене –
Ред црних застава што кроз мрак вихоре.

Рука ти је бела мека као цвеће,
А моја остаде сва окрвављена.
Откуд си и ко си, нико знати неће:
Љубав или мржња, судба или жена.

КЊИГА ДРУГА

ПЕСМЕ ЉУБАВИ И СМРТИ

Пријатељу

Слободану Јовановићу

ХИМЕРА

Невидљивом сунцу пружам жудне руке,
И отварам срце неком кога није;
Душа ми је пуна мрачне хармоније,
Којој никад нисам саслушао звуке.

Просторе сам празне населио собом,
И расуо себе, кô орион сјајан,
У неки свет срцâ и душâ, бескрајан;
И живим над страхом и лебдим над добом.

Од истине сам страшнији и већи:
Нити ме што вређа и нити што боли.
Моја жудна душа неизмерно воли;
И сваки мој корак, то је корак срећи.

Почнем јутром онде где вечером заста,
Увек држећ чврсто краје златне нити;
И мој дан безмеран усхићено свити,
С песмом јата болно распеваних ласта.

И док носим жељу отровану своју,
Као плес злих вила живот шуми, врви;
И све има ритам моје жедне крви,
И све мојих снова има страшну боју.

И тако, пун тамне невиђене вере,
Идем кобном стазом што је увек иста –
Кô злокобно сунце, док у мени блиста
Насмејано лице вечите Химере.

СРЦЕ

Моје тамно срце, то је део свега –
Са звездама трепти, хуји с ветровима;
И онда кад стоји безгласно међ свима,
Један громки ехо ћути у дну њега.

На обали морској моје срце има
Жамор неког вала што вечито плине;
Што чува свег мора звуке и горчине,
И сву хуку давно нестанулих плима.

У залазак звезда изнад тамног хума,
Кроз сан поју птице у дубокој сени;
А безброј се гнезда одзивљу у мени,
И трагични одјек замркнулих шума...

И то звучно срце када једном заспе,
Свој бол откуцавши силним ритмом свега,
Неће бити страшног престанка за њега:
У звук и у светлост све ће да се распе.

Увек заљубљено у вечност, док брује
Њиме сјајне сфере, страсно и далеко...
И кад очарано куцне срце неко,
То је моје срце што се опет чује...

ЖЕНА

Ја сневам о жени, већој но све жене,
Чија ће лепота бити тајна свима,
Што је као божји дах у просторима,
Који не дотаче никог осим мене.

Њен чар да је моје велико откриће;
Да мирно присуство те чудесне жене
Не разуме више нико осим мене,
Осим моје вечно очарано биће.

И пред чијом гордом лепотом од свију
Само ја отворих очи очаране,
И срце кô црни цвет из глухе стране,
Невидљиве капи док на њега лију.

И њена лепота, тако недогледна,
Необешчашћена хвалама глупакâ,
Да обиђе тихо, као снопље зрака,
Све тамне путеве душе, само једне.

И ја кључар чудне лепоте, да с тајном
Срећом видим јасно да је ова жена
Од истога светлог ткива начињена
Од кога и болни мој сан о бескрајном.

ЗАВЕТ

Рече ми мој Творац у велико јутро:
Човече, дигни се и јави у плоти.
И у свој таштој и пустој наготи,
Иди кобном стазом коју будеш утро.

Бићеш силник свему кад и жртва свачем;
Живеће у теби исти час, – знај чуда, –
Пророк, лакрдијаш, краљ и његов луда,
Роб с ланцем о врату, и осветник с мачем.

Но бићеш неверан и болу и срећи;
Сумња ће ти дојку отровану дати;
И без топле вере ти ћеш мене звати,
И без праве сумње мене се одрећи.

Свагда, као крила, те сумње бескрајне
Над свачим ће тебе да држе високо,
Докле не затвориш болно своје око
На међи вечите истине и тајне.

Тако, као одјек у самотну гору,
Вратиће се путем који мени води,
Твој дух, сав окупан у вечној слободи –
Као црна птица у сунчаном мору.

ПЕСМА

Никад не знам куд ће нова песма хтети,
Новој срећи или болу старе ране;
Да као молитва у небо полети,
Или као капља отрова да кане.

Само чујем поклич у дну духа свога,
Као вест пророчку, кроз ноћ, с брега пуста;
И ја чујем благе речи вечитога
Како ми пролазе кроз срце и уста.

Тад све канда знадем појмити и рећи,
И погађам тајну скривену од свију:
Да претворим у стих бол од свега већи,
И јад у молитву и у хармонију.

И љубав што чезне, и јед што се гнуша,
Све је само песма: док мре у дубини
Сва у чудну светлост обучена душа –
Као звезда што се распада у тмини.

И док се у миру тка вечито ткиво,
Хуји глас стварања и ритам расула,
И док у те сате још страсно и живо
Све сазнају моја опијена чула –

Ја знам да нестајем у шуму што блуди,
Са сваким кораком којим нога крочи:
Стран за праву срећу и прави бол људи –
Упирући к небу зачуђене очи.

ТАЈНА

Наше две љубави пуне кобне моћи,
Од свију скривене, живе у свом стиду,
Као под звездама, заспали у ноћи,
Два мирна пауна на старинском зиду.

Кријем своју љубав као мржњу други —
Истом силом лажи и свим подлостима;
Као други стакло отрова, свој дуги
Свој бол безутешни ја кријем међ свима.

Колико је шуман ехо моје лажи,
Да не прену никог ударци мог срца!
И колико мира у речи где грца
Цела једна душа и сан од свег дражи!

Сва је моја радост знати бол да скријем;
Сва мудрост, љубави дати изглед злобе;
Врлина, да презрем сузе које лијем,
И покажем срце као празне собе.

И тако две наше љубави очајне,
Огрнуте лажју вечитом и ниском,
Стоје немих уста у дну наше тајне —
Два црна пауна на зиду старинском.

ГНЕЗДО

Плетем своје гнездо изнад ваше главе,
Топлије од гнезда у орла и ласте;
Ветар отме грану или влакно траве,
А, кô цвет циновски, оно ипак расте.

Све му мирне звезде светле кад се смркне,
И пуно је сунца, као чаша вина;
Змија на по пута застане да цркне,
Држећ мртви поглед пут наших висина.

У гнезду ће бити све ћутање шумâ,
И све песме рекâ у јутру кад свићу,
И сав страсни мирис с расцветаних хума –
Докле златно перје расте моме тићу.

Плетем своје гнездо високо над вама,
А још нико не зна место тога гнезда –
Оно иде као што над обалама
Путује у небу изгубљена звезда.

И по мирном путу од мене до Бога,
Иде чудно гнездо, као бајка гола;
А сви звуци отуд што допру до кога,
То је глас још никад нечувеног бола.

ЛЕПОТА

На моме узглављу сву ноћ мирисаху
Чежњиво и слатко твоје тамне косе,
Док се шапат чуо као песма росе,
И дуге заклетве у очајном даху.

А ја ипак не знам за радост и срећу;
Ја се бојим твоје подмукле Лепоте,
Да освету једном не затражи већу
За свирепа права што јој други оте.

Благосиљаш ропство и тегобне узе,
Срце ти је пуно небескога плама,
И сишла са мном до патње и срама,
И пролила си најсветије сузе.

А стрепим пред твојом подмуклом Лепотом –
Да не дигне једном, као гладна вила,
Док жалосна срца и не слуте о том,
Два своја у сузе замочена крила.

И док љубав гори свим жељама њеним,
И ноћ тече дуга, мирисава, собна,
Крај нас, као сужањ, бди чудна и кобна
Лепота, с очима вечно замишљеним.

СУТОН

Ја те волим једним жаром неветелим,
И сумњом у тугу и лепоту јада;
Срећа коју имам уништава сада
Бесконачну другу срећу коју желим.

Заклањаш ми сунце, а дала си сама
Сто очију моме срцу, и све путе
Души, да би ипак сви нестали у те,
Као изгубљени звук у долинама.

И сто воља као белих јата к југу,
Да сва на твој острв падну очарана;
И сто вера да ти следе једног дана –
Кô сто бледе деце у литију дугу.

Дигла си сто мржња да стражаре, као
Сто црних једрила, сва пред твојом луком...
И тако мом даху принела си руком
Цвет твог бића крупан, отрован и зао.

И свом страшћу прве и последње жене,
Владаш мојом душом, свом и свагда; слична
Судби, тако и ти, силна, непомична,
Стојиш међ мене и свег око мене.

Док из сухе стене бије нова вода,
И плави цветови из старога пања,
И сијају као у сâм дан постања
Сва звездана кола са великог свода.

Моју љубав тамну као мрак у чести,
Ја испуних мржњом, кајањем и страхом –
Но жеђ за издајством претвори се махом
Сва у нови завет и сласт исповести.

Тако горко пада неко вече бледо
На све моје путе, болно, по све доба,
Дубоко у мени: док љубав и злоба,
Као два анђела, поју напоредо.

БЕСКРАЈНА ПЕСМА

Ви што се још нисте јавили из гнезда̂,
Чија срца трепте још у капљи росе,
Чију страсну душу још ветрови носе,
И чији дах топли струји с мирних звезда –

Кад небројне очи отворите, када
Пружите спрам сунца безброј својих рука,
Све шуме без конца и мора без лука
Ваш светли долазак поздравиће тада.

И сви поплављени у сунчаној киши,
Тамо, где малочас, у тренути страшне,
Збацисмо одећу и сандале прашне,
Стајаћете бољи, силнији и виши.

Тако опијени већ од прве чаше,
У екстази звука и сјаја што плине –
Пружићете бразду да свирепо мине
Њивом, где још чами зимско зрно наше.

Али ко ће тада бити међу вама
У тај дан без сумње, без бола, без сене,
Невидљивом нити привезан за мене,
Да одвојен стане међу хиљадама?

И као ја некад у данима овим,
У вечерњој немој агонији мора,
Да донесе, мрачну, као песму бора,
Стару песму туге међ људима новим?

Да испуњен дугим сутоном и страхом,
Потомак мог бола, страсно као и ја,
Дигне свој глас, сјајан, као што се сија
Млечни Пут покривен усијаним прахом...

Но том вечном болу и тој тамној срећи
И реч једну нову ако буде дао –
Ко ће знати да сам некад ишчезао
Јер ту реч чудесну не умедох рећи!

НАША СРЦА

Ко затвара ваше очи небројене,
Срца, срца, срца? И куда се распе,
Кад се свако од вас затвори и заспе,
Ваш свет од свег већи и лакши од сене.

И откуд на ове брегове, куд које
Падате, о срца, као вихор вила,
И сунчате тамна и велика крила,
Безумно пијући све звуке и боје.

У музици свега што око вас тече,
Сва сте увек пуна само вечитога,
А мрете, о срца, срца! И зар стога
Има среће за вас, срца? Једно рече:

„Бескрајне су наше среће небројене,
На тој међи међ вечног и тренутка:
Јер, ма смрт и била у дну нашег кутка –
Свет је само оно које у нас стане."

МОЈА ЉУБАВ

Сва је моја душа испуњена тобом,
Као тамна гора студеном тишином;
Као морско бездно непровидном тмином;
Као вечни покрет невидљивим добом.

И тако бескрајна, и силна, и кобна,
Течеш мојом крвљу. Жена или машта?
Али твога даха препуно је свашта,
Свугде си присутна, свему истодобна.

Кад побеле звезде, у сутон, над лугом,
Рађаш се у мени као сунце ноћи,
И у моме телу дрхтиш у самоћи,
Распаљена огњем или смрзла тугом.

На твом тамном мору лепоте и коби,
Цело моје биће то је трепет сене;
О љубљена жено, силнија од мене –
Ти струјиш кроз моје вене у све доби.

Као мрачна тајна лежиш у дну мене,
И мој глас је ехо твог ћутања. Ја те
Ни не видим где си, а све дуге сате
Од тебе су моје очи засењене.

ОЧИ

Бесконачне твоје очи, млада жено,
Две дуге вечери у пустињи мора;
Две суморне бајке што узнемирено
Имају шум слутње у гранама бора,

Две мирне галије с црним заставама;
Две жене у црном, на молитви, неме;
Две поноћне реке кроз краје од kâma;
Два гласника бола који кроз ноћ стреме.

Очи моје жене, мрачни тријумф плоти,
Које вечном тугом опијене беху,
Свој су простор нашле у њеној чистоти,
А свој чар небески у њеноме греху.

Од суза просутих у велика бдења,
Те бескрајне очи сијају се стога,
Далеким и чудним сјајем усхићења,
Као неке очи што видеше Бога.

Чувају на својој бесконачној мрежи
Све тамне екстазе снова које сања,
Очи непрегледне, на чијем дну лежи
Велика и мрачна сабласт очајања.

ЧЕДНОСТ

Докле спаваш, једна рука невидљива
Брижно сву ноћваја твоје мале дојке,
Брише и поправља, и вуче, и слива,
Креће мирне црте и прави увојке.

И поставља боје с вечите палете
На врх дојки и на усне насмешене;
Тка мрежицу ока пуну зла и сете;
Преде влас и гибље таласе и сене,

И у душу сипа сујету; и смело
Свом магијом спола озари врхунце.
И док гради своје неизмерно дело,
Пристижу је јутра и подневно сунце.

Али прсти руке, незнане и чудне,
Не мирују. Залуд: у телу дубоко
Не ври још млад отров жеље нерасудне!
Ни глас да засузи, ни потамни око.

Тако равнодушна, мирна, ти си стала
Измеђ свег и мене; са страхом да не би
Сенка сумње на те, као порок, пала —
Да ниси над свачим, и циљ сама себи.

НОМАДИ

Очи су ми као очи у номада,
Сунцима безбројним вечно опијене:
Бране да их умор јучерањи свлада,
А већ нов пут мотре неспокојне зене.

Хероји покрета, номади, над неким
Брегом тако зуре у видик пун дима,
У мутној и страшној жеђи за далеким,
И у вечном своме боју с просторима...

Простором напито, моје срце гледа
Сјај нових небеса и фатаморгана;
Расплаче га свако сунце које седа,
И распева јутро сваког новог дана.

Сто очију својих моја душа смела
Отвара пред неком земљом недогледном;
Никад не захвати двапут с истог врела,
И два сна никада на узглављу једном.

Као да ме увек с другу страну реке
Чека моја срећа, као верна жена,
Што упреда тугу љубави далеке
У нит од преслице до златног вретена.

И као да лежи иза брега тамо
Болно наслућена моја страшна тајна:
Јер свака ствар коју душа дирне само,
Као она сама, постаје бескрајна.

Очи су ми као очи у номада,
Звезда очајања у којим је сјала;
И велика суза која из њих пада,
Не познаде никад земљу где је пала.

ВЕЛИКА НОЋ

Кад геније ноћи на крилима сјајним,
Крилима од ватре, преко реке мину,
Невидљива вода усхићено сину,
И запева гласом болним и бескрајним.

Кад поноћни ветар поред горе глухе
Прође и отресе тешки мрак са грања,
Као страсна песма жудног умирања,
Чу се глас музике из трстике сухе.

Кад за пољем пуним црне детелине
Почеше влашићи да бледе и слазе,
Мртво лишће поче да пада на стазе,
И као црн уздах да изби из тмине.

Сад, у ово дуго вече које пати,
Цела моја душа затрепери гола,
А челом уморним од труда и бола,
Смрт је прешла руком, меком, као мати.

ЗА ЗВЕЗДАМА

Убрисаћу с уста мучну кап горчине –
И као краљевић из старинске бајке,
Поћи ћу за гласом што зове из тмине,
Као гласи давно нестануле мајке.

С очима већ пуним звезда што ће доћи,
Ја ћу да се пустим у то море таме;
И заиграће у својој самоћи
Срце од чекања и од среће саме.

Далеко ћу поћи од те кобне горе,
Где очајно слушах, по све ноћи пуне,
Да сто врела сумње жалосно роморе
Гласом који јеца и песмом што куне.

И за једром које не зна да кривуда,
Морепловац-витез по незнаној води
Откриваће острв по острв, да свуда
Огласи се краљем и даље заброди.

Мој змај непобедни биће на мом штиту,
И моје ће име бити на мом мачу;
И водићу гордо своју сјајну свиту –
Идући за гласом што се једном зачу.

И минућу ноћу крај твојих обала,
Док ронећи сузе и не слутиш о том;
И поћи далеко преко тамних вала –
Све у болној жеђи за новом лепотом.

И кад паднем, најзад, нико неће знати
Мој очаран задњи осмех да прочита;
Лицем победника разблудно ће сјати
Сунце заробљено у зрцалу штита.

СТВАРАЊЕ

Нису те гласници огласили мени,
Нити чух кораке твоје из далека;
И не знам кад беше већ минута нека
Кад се мој дух напи твоје светле сени.

Јер ти си постала у мени, и била
Мисао исконска што најзад однемље,
Златна нит из стене, и семе из земље,
И мах у рамену још нениклог крила.

Ти никад не позна тај пут вијугави,
Пут којим извана доводи унутра,
И којим све мора да се врати сутра;
Као цвет у мору, у мени се јави.

Из мог сна поникла, и ти беше ташта;
Плод мога порока, крволочно јетка;
Плод мисли, и ти си била без свршетка;
Плод мојих сујета, подлија од свашта.

Плод мојих самоћа, беше пуна сете;
Плод мржња̂, уста ти беху отрована;
И плод мојих сумња, ти си прешла, страна,
Сав пут с плачем као изгубљено дете.

Но цвет сна отровног не преста да сише!
И ја умрех у час кад се беше хтело
Задња капља крви, коју немах више,
Да окончам лепо и злокобно дело.

МИРНА ПЕСМА

У зенице ме непрестано гледа:
Шта тражи у мојим очима та жена?
Сјај магијски неког сунца које седа –
Једну другу жену и друга времена?

Јер заљубљен поглед жене добро види
У очима нашим, кроз сиву дубину,
Све трагове којим непријатељ мину,
И његов сен као тамни сен на хриди.

Дуго сја на оку тугом вечно младом
Лик жене што га је очарала једном;
Зато једна жена зна кад пође крадом
Поглед за одбеглом и за недогледном.

Од прошлости је душа направљена;
Слике су по цвећу зрак сунца од јуче;
Од свачега је пала нека сена;
И усахле реке и сад негде хуче.

А наше љубави што су давно пале,
Као побијена јата на пô пута,
Још живе животом свог првог минута
У очима што су некад расплакале.

ТРЕНУЦИ

Та љубав без циља и без сутрадана,
Зла сестра вечности, у бесу свег хитног
Носи знак највеће коби што је знана:
Сав ужас пролазног и бол неумитног.

Тај свемир насликан на валу што бега,
Сав покрет просторâ у трептању листа –
Љубав је без сутра вечнија од свега:
Јер и после смрти још је увек иста.

Та љубав што умре у напону врелу,
Мач скрхан на самим врховима тврђа,
Има победничку гордост на свом челу:
Јер умре у сјају пре него зарђа,

Она прође душом као из далека
Залутале птице у светлости маја;
У песми су њиној гласи других река,
И на крилима им сунце другог краја.

И она нестаје пре веселе жетве,
Увек неувела у свему што вене,
Без свога завета и без своје клетве –
У лепоти речи једном изречене.

НЕПРИЈАТЕЉ

Мој непријатељу са два ока жарка,
С ножима у отров замоченим, где си?
Ти пред чијим духом падне свака варка,
И о штит чији се разбију сви беси!

Лепи, силни, грозни! жељан сам те и ја,
Да банеш под маском друга или госта;
Да такав, полу-бог, половину змија,
Вребаш ме кроз лишће и чекаш крај моста.

Да ми мисли знате једини бог и ти;
Да те за леђима осећам, на миру;
Да ни реч ни поглед не могу ти скрити;
Да знаш где је отвор на моме панциру.

И моја ноћишта, и пратњу на друму;
И мој траг на песку, и мој сен на зиду;
И као што љубав зрачи једном уму,
Да свирепа мржња светли твоме виду.

Освајач, злочинац, и херој међ нама,
Да те славе људи и нуде се жене;
Твој брод да с великим златним катаркама
Пун сјајних хорова пролази кроз пене.

Да мог бога мрзиш једном мржњом холом,
Да се гнушаш моје мудрости: и блажен,
Да моју оштрицу хваташ руком голом;
Да знаш да ћу бити исмејан и згажен.

Нек се само један с раскршћа широка
Врати са крвавом рукавицом: ходи!
Мој непријатељу с два велика ока,
Сви су пути празни и мрак је на води.

Да те видим, страшни! Глухе су ми ноћи
Без твојих корака: вечно, непрекидно,
Без тебе ћу бити бедан и без моћи,
Мали, и унижен, и побеђен стидно.

КРИЛА

Летети, летети, летети високо,
Незнаном простору као старом другу,
Витлати се као омађијан соко,
И умрети, сјајан, у сунчаном кругу.

Чути само замах свој у просторима –
Музику свог крила! И на самом крају,
Свој траг изгубити и циљ међу свима,
Ишчезнувши тако у небу и сјају.

Да ми жеђ осете кобну и све вишу
Очи што су туђе дуго светлост пиле,
Као вир две овце са руном од свиле,
Као крв две ноћне сабласти што сишу.

Да не памтим ниско рођење под мраком;
Да као гнев светлост сва испуни мене;
Да сам као копљем прожет сваким зраком,
Ту где горе вечне подневи без сене.

И страшна раскршћа сунаца, и пути
Куд олуј светлости непрекидно иде,
Кроз неми предео где влада и ћути
Бог који убија очи кад га виде.

Да само с висина за поноре знаднем,
Бацивши у простор конце својих жила;
И летим вечито, и летим док паднем
Само под теретом озарених крила.

ПЕСМА ЉУБАВИ

Свој једини живот ти живиш у мени;
Да будеш осећај и сан ти се сазда;
Не тражим на путу твој лик наслућени –
Далеко ван тебе иде твоја бразда.

Очи су ти зато да оплоде звуке,
И глас да молитву у срцима роди;
Сав покрет изгледа замах твоје руке;
Ти сјаш у стварима као дан у води.

Твој је дах да семе не смрзне у њиви;
Твоја љубав да би било побожности;
Твоја равнодушност, да може да живи
Гордост очајања и горки чар злости.

Ти ниси у себи јер ти нема краја;
Твој говор почиње музику свих вода;
Речи су ти конци у ткиву свег сјаја;
Идеш, кô молитва, од земље до свода.

И ти си начело већма него биће...
Ноћ да блисну звезде; замах победника,
Да буде победа... Лепота, откриће,
Пре него мом духу беше реч и слика.

ПЕСМА СУТОНА

Сутони без шума твојих корачаји,
И тама без твога шапата, и сати
Први кад се нема више шта да таји...
Прве празне стазе кроз рогоз и влати.

Ова чар чекања празних и без ме́не!
Некад беху у час месечевог сјања
Само дух и очи тобом испуњене –
А сад те је пуна сва ноћ очајања.

Некад чух твој корак или шум одела,
А сад те ноћ носи у сваком свом шуму;
Звезде у покрету; мирна светлост бела
У свим приказима на замрклом хуму.

Нема твојих стопа путем што крстари,
Али ти сад идеш светлим просторима;
И твој печат кобни сад носе све ствари;
Твоје су сад очи у водама свима.

Знам да нећеш доћи, а чекам; и маште
Непознате среће расту у ноћ нему;
Нећу више чути твоје речи таште,
Да твој глас свемоћни осетим у свему.

ПЕСМА ТИШИНЕ

Зборим ти несталој, док жалосно плави
Мртви сјај месечев на планинској рти.
Ти си још уза ме; врата су љубави
Увек отворена, као врата смрти.

Речи неслушане, ви лепоте чисте,
Истине у зрачном непорочном руху!
Речи у самоћи очајања, ви сте
Сетни говор с Богом, његов глас у духу.

Из смрти у живот непрекидно ходиш:
За мој сан умрла, живиш у мом болу;
Мреш у мојој вери, у сумњи се родиш;
Бедну, а кроз сузу ја те видим холу!

Из мог благослова прешла си у клетву,
И бол одрицања; твој век свагда траје...
Вечно семе спрема своју вечну жетву,
Љубав се зариче и када се каје.

Тако се обнављаш вечна, несавладна,
И новорађана у мојој самоћи...
Док звучни сутони падају и хладна
Светлост првих звезда, ти се ткаш од ноћи.

ПЕСМА УМИРАЊА

Љубави умиру без збогом, сред њине
Агоније дуге, неме, неприступне...
Ничу и мру у свој лепоти тишине,
И кришом затворе своје очи крупне.

Зар вечита није љубав, као душа?
Зар најлепши део душе није вечан?
На морима смрти вал који пенуша,
У ноћима смрти млаз сунчани течан?...

Када цвет увене, нова звезда блисне.
Но поглед умрлих љубави куд гледа?
Мору иду реке, земљи горе лисне,
А љубав ћутању с уснама од леда.

Мру у једној речи што се није рекла,
А у којој беше сто врела живота...
Тако јата звезда што су простор секла,
Мру у капи росе на листићу плота.

Од љубави наших веће су тишине...
Тишина је мати љубави; и така
Као голубице од себе их вине,
И опет у руке враћа јој се свака.

ПОСЛЕДЊА ПЕСМА

Бол је дао овој љубави горчину,
Лепоту и тајну; мрачна сумња моја:
Сав простор и ужас; коб и очај: њину
Свемоћ; задња суза: неба седам боја.

Нит знаде за вино у купи од злата,
Нити за пољубац у заклетви; сама,
Мучки као злотвор, ушла је на врата,
С ножем, не у руци, већ у зеницама.

Њен је плашт сунчани можда ткиво лажи;
Лаж с тих уста каза реч најдубљу њене
Страшне мистерије; но док удар тражи,
Све цвета под њеном ногом куда крене.

Јер од твог отрова мој сан беше јачи:
Твој сам појас ткао од сунчаних млаза,
И ти си светлила; јер свему куд зрачи
Моје сунце дадне сијање екстаза.

Своју веру нађох у свом сну о вери...
Твој нож не убија него блиста блистом...
Јер ти беше тренут у мојој химери,
Мој сан о доброти и вера о чистом.

ПЕСМА

Једним истим путем нестаћете обе –
Ти и моја младост, лица невесела,
И с печатом горког проклетства сред чела,
Као неутешне две кћери Ниобе.

И кад најзад падне задња страшна сена,
Знаћу неумитног очајања радост:
Да има сто срећа, али једна младост;
Стотину љубави, али једна жена.

Тако, као звезде у локви на друму,
Умреће та љубав у свом стиду многом,
С једном црном раном у срцу и уму –
Већ с првим пољупцем и са првим збогом.

Док крупни свећњаци догорели гасну;
Разбијене чаше испите; док модру
Своју сен још бацаш на завесу јасну;
Док још жиг твог тела видим на свом одру.

Као да је само моје срце хтело
Да злурадо позна дан који те оте,
И та нема патња да постане врело
Моје величине и твоје лепоте.

Пиће мога тела и светлост мог духа,
Мог сопственог гласа одјек у дну дола,
Некад празник мојих очију и слуха,
Да сад будеш тајна горчине и бола.

Ти у којој љубљах своју илузију,
Свој сан о љубави и сан о лепоти,
И неку реч страшну казану у плоти,
А коју ја појмим силније од свију.

Замркнућеш болно са кобима свима,
У дну моје сумње и кајања крута,
Као да те нагло стигла на по пута
Ноћ што силно дажди мрак по бреговима.

И стопе у песку избрисаће наше
Исти топли ветар, који нежно свима,
Нечујан, отвара срце цветовима,
Да нове светлости налије у чаше.

Мој ће се дан нови да јави с врхунца –
И као што некад пловљаше по калу,
Заиграће срце на светлости валу,
Као цвет очаран, отворен спрам сунца.

И ја ћу да видим, из језиве сене
Кад излете бела распевана јата,
И како је слична та срећа из блата
Богињи рођеној из сунчане пене.

Сваки шум да сећа твог ћутања; свака
Тмина опомене на светлост твог гласа;
Да је срце пуно све твојих корака;
Да на свачем лежи сенка твога стаса.

Увек незасито, моје срце хоће
И задњу кап чаше још неиспијене...
Два су кобна врела човекове злоће:
Љубав спрам божанства и љубав спрам жене.

ЗАБОРАВ

Заборав је мирно умирање срца,
Бездушно и болно одрицање ћутке;
Презриви дах смрти у души што грца;
Заборав то значи мрети на тренутке.

Ко зна сузе ствâри које оставише?
Двоструку смрт гробља где суза не капи?
Бол именâ која не помињу више?
Крик заборављених љубави што вапи?

И страшно ћутање натписа са стене,
Што поста нечитљив? И проклетство немо
Речȋ, што сад чаме, непротумачене?
Тугу траве путем куд сад не идемо?

Ко зна плач идола под земљом? Ко знаде
Клетву молитава замуклих? И ране
Непамћене среће и престале наде?
И горчину једне сузе убрисане?

ПЕСМЕ СРЦА

Нестати у нечем које срце воле,
Умрети у нечем бесмртном! Свог мача
Бацити пред ноге неке моћи холе
Што је и од руке херојеве јача.

Бити пред бескрајним узвишеног ситан;
И тражећи горко срећу међу нама,
Веровати најзад, у час неумитан,
Да је сан порекло свима истинама.

Но тај острв сунца сам пронаћи; сјајни
Циљ свију циљева и свег вечитога!
Рећи своме срцу да је свет бескрајни,
Једно добро за се, ван људи и Бога.

Добро, не знајући да има доброта!
Храбро, не познавши ловор ни измирне!
Чисто, и не чувши да има чистота:
Срце, као сунце, да злати што дирне.

И сјајно и слично само својој мети,
Као озарено сунчаним априлом,
Све путеве сумње тако да надлети –
Не дирнувши земљу друкче него крилом.

ЋУТАЊE

Остале су страшне речи неречене,
Само твоје очи, мирне као тмина,
Оне су гледале и слушале мене;
Мој бол на твом уху певаше тишина.

Каква химна срца, та реч неречена!
Та реч што не позна беспућа ни блудње!
Кад тишина збори место нас, реч њена
Има сву чистоту сна и болне жудње.

Та блага музика љубави што ћути,
Има мир молитве у дубини духа:
Никада се речју лажи не помути,
Нит се глас порочни дирне нашег слуха.

Идеја у неми камен увајана;
Вера сва у сузи што неће да кâпи;
Та заклетва што је у незнан час дана;
И највиши закон бола који вапи.

ПЕСМА ЖЕНИ

Ти си мој тренутак, и мој сен, и сјајна
Моја реч у шуму; мој корак, и блудња;
Само си лепота колико си тајна;
И само истина колико си жудња.

Остај недостижна, нема и далека –
Јер је сан о срећи виши него срећа.
Буди бесповратна, као младост; нека
Твоја сен и ехо буду све што сећа.

Срце има повест у сузи што лева;
У великом болу љубав своју мету;
Истина је само што душа проснева;
Пољубац је сусрет највећи на свету.

Од мог привиђења ти си цела ткана,
Твој је плашт сунчани од мог сна испреден;
Ти беше мисао моја очарана;
Симбол свих таштина поразан и леден,

А ти не постојиш нит си постојала;
Рођена у мојој тишини и чами,
На сунцу мог срца ти си само сјала:
Јер све што љубимо створили смо сами.

СУМЊА

Моја сумња страсна, и светла, и плодна,
Моје друго биће и други вид; јетка,
Брани коју чашу да испијем до дна,
И да коју срећу познам до свршетка.

Моје срце држи прстима од леда,
И мој дух напаја кајањем без мере;
Мој поглед у небо да очајно гледа,
Да мрзим без снаге и љубим без вере.

Но она обасја мој ум обеснажен,
И даде мом духу, слабом као сламка,
Сто крупних очију, да озарен, блажен,
Мине сваки понор и зна где је замка.

И да је доброта, одрицање; и да
У заклетви има издајства и срама;
И у победама пораза и стида;
Ниске безбожности у свим молитвама.

И у чистој вери, празноверја; да је
Љубав себичнија него наше злоће;
И колико лажи наше сузе таје,
И мрачних завера замукле самоће.

Тако ослобођен и себе и других,
Гледам како пада и последња уза...
И горд сам у часу искушења дугих
Што бар не зајецам кад ми пође суза.

СТРОФЕ ЈЕДНОЈ ЖЕНИ

Гледаћу твој сјајни сен на таласима,
И стопе на песку; с јутром на врхунцу,
Као прво гнездо будно међу свима,
Ја те певам као химну земље Сунцу.

Ти си искра мога мача победнога;
Сто музичких врела што брује и плаве;
Поглед који хоће да сагледа Бога;
Пехар из ког пијем страшно пиће Славе.

Кроз тамну је пустош моје крило секло,
Где сад сја твој покрет и твоја реч зари;
И као да свему ти беше порекло,
Сунце што ми откри место свију ствари.

Све воде посташе за одсев твог стаса,
Простор, да имаднеш душу зачуђену,
Мир тамних долина за ехо твог гласа,
Сунце да на свету бациш своју сену.

Ти си као лађа с крупним једрилама,
Што носи поднебља других копна; о, ти,
Што се, неумитна, јави међу нама
Да даш свој дах земљи и свој глас лепоти.

НАЈТУЖНИЈА ПЕСМА

Знам за неизмерне и болне самоће,
Кад сат мре нечујно, као цвет што вене,
И кад срце празно престаје да хоће
Ни венце победе ни љубави жене.

Знам за непроходне самоће без даха,
Кад конци са свачим падну покидани,
И у којим срце застане од страха;
Кад свему око нас изгледамо страни.

Кад нас очи ствари̂ равнодушно мотре,
И душа пред собом престрављена стане;
И сопствена повест кад се цела потре;
И кад је од леда суза која кане.

Ни семе у бразди, ни стопа на путу,
И како је тешка сена коју вучем!
Канда туђе срце бије у мом куту?
Све светле палате живота под кључем!...

Вај, колико пута умиремо? Ко би
Знао за све тмине под сунцем! И зна ли
Ико сва беспућа у сутону доби?...
И како смо често очи затварали...

ПЕСМЕ БОГУ

I

С које се обале укрцах, о Силни,
У то јутро као у почетак спева?
И шта доприноси твојој величини
Тај мој атом бачен у сјај једног днева?

Чим ће да оснажи хор којим те славе,
Мој слаби глас сумње; и чим да појача
Сјај сунаца што те непрекидно плаве,
Жижак оног који у тмини корача?

Господе, који ме посеја и зали,
Зашто бејах нужан у свету и пуку?
Прођох пут и видех све сем тебе. Али
Кад год мој брод нагне, нађем твоју руку.

II

Ти који ни по чем ниси нама сличан,
Ни својим образом, ни мишљу, ни делом,
Који у покрету стојиш непомичан,
И страшан и мрачан под сунчаним велом!

Дао си ми очи да ти видим дело,
И слух сав твог гласа да напојен буде;
Но да целог века одричем те смело,
Примих дух мудраца, детета и луде.

И да никад страшни не видим ти престо,
Ти ми даде сумње мутно око ово;
Но да вечно питам за твој траг и место,
Усади ми бедно срце човеково.

III

Када те не нађох у сумрачном долу,
Тражих те на брегу; и не налазећи
Твој узрок и разлог у људскоме болу,
Тражих твоје благо присуство у срећи.

Јеси ли у страшној катастрофи звезда,
Или хармонији светлости? О Боже,
Зар си сав у добру, у миру свих гнезда,
Док негде злочинац оштри своје ноже?

Знам из твоје вене да теку сва мора,
Знам од твога даха да пролиста шума –
А оста недозван на вапај свог створа:
Срећа нашег срца и коб нашег ума.

ПЕСМЕ СМРТИ

I

Једино си које нисмо измислили!
Над свом игром духа сама стојиш смело!
Стварнија од саме стварности; у сили
Своје негације, биће и начело.

Општа, свеобимна; и сутон и зора,
Ти си у свемиру једино чег има!
Ти си и Да и Не; а у тајни мора
На врху си светлост, мрак у понорима.

И као по ветру лако перје птичје,
У теби се крећу светови и бића:
Живот није друго до твоје наличје,
Твоја друга битност сав тријумф развића.

II

До последњег од свих твојих обручева
Сви плашљиви знаци бивања и смера,
Све је твоја игра! Свуд очајно пева
Пук сиренâ твојих у празнини сфера.

Ти си у дну моћне клице која клија,
Појам и решење; ти држиш у руци,
Кô што понор држи бродове у луци,
Сав свет безграничних сунаца што сија.

Ти си повод и циљ; и стравична мајка
Свих мрачних контраста и свих привиђења:
Једина истина и једина бајка;
Збир свију симбола, игра свију хтења.

III

Ти си одрицање Бога који има
Свој извор у правди; и божанства чија
Суштина је милост; својим законима
Поричеш да има циљ и хармонија.

Јер правда и милост, сав су појам Бога:
Где је циљ ван добра? Где је хармонија,
Осим у љубави? И знак вечитога,
Ако не у срећи свемира? – Свуд зија

Твој понор и злочин; свуд су твоји пути
Бесмисла и страха; саму, узвишену
Над свачим, дух људски само тебе слути:
Мајку која рађа и светлост и сену.

IV

Но пред равнодушни свемир што га кочи
Мир твојих начела, стане бол човека
Усамљен пред свачим!... И збуњене очи
На тамној матици твојих немих река.

Стоји људско срце, та очајна мера
Ствари̂ у космосу. Крај је свих дилема,
Конац свих питања и судба свих вера:
Јеси ли ти само или тебе нема.

И док је све мрачна безуветност стегла,
Има једно место где је прсла уза:
То је горки простор у који је легла
Та наша самотна и исконска суза.

ПЕСМЕ ЖЕНИ

I

Богињо, која си, охола и прека
Са једног незнаног раскршћа голема,
Први пут изашла пред очи човека
Држећи две дојке у рукама двема –

И огласила се кроз мрак прве зоре
Крвожедним твојим кикотом; док врућа
Луч сунца спаваше у сутону горе,
У напору болном првога сванућа.

Тебе погледаше очи свију ствари;
Твој став узе љиљан у великом врту;
Сунце да у твојим косама зажари;
Бледи мрамор захте твоју чудну црту.

II

И сва твојим гласом прозборише врела;
Море узе сјајну гипкост твоје пути;
Твој покрет сва поља валовна и зрела;
И твој глас сва гнезда која ће се чути.

Цвеће узе боју твојим отровима;
И сјај твог осмеха узе блесак маја:
Твоја је лепота у стварима свима,
Твој кобни чар нема имена ни краја.

Све пробуди шумом твојих корачаји,
И свему си дала смисао и цену;
Сва тајна закона у теби се таји,
Као златни конци протекли кроз стену.

III

Ти си лука где се савију сва једра,
Пут куд бесповратно пређе нога наша,
И седам влашића једног јутра ведра,
Последња молитва и последња чаша.

Друг и непријатељ, издаја и вера,
Наш део и контраст; симбол свега бола,
И симбол свих срећа; заблуда и мера
Свих понора срца и нереда спола.

И отров и причест у срцу и духу,
Свуд себи доследна, без међе и стега:
Идеја у белом непорочном руху,
Самобитни закон дигнут изнад свега.

IV

Ти си принцип који и руши и гради,
Дух божји у свакој и струни и црти;
И ветар што хучи на обали глади,
И њива што плоди у пределу смрти.

Непрекидни извор поноса и стида,
И вечно беспуће куд се закорача;
Ти си очарано око свега вида,
И венац маслине и држаље мача.

Прва реч је твоја кључ и прва тајна
Свег бола на земљи; у твој врч се саспу
Све крви и сузе; пустињо бескрајна,
Сунца очајања где грану и заспу.

КЊИГА ТРЕЋА
ЦАРСКИ СОНЕТИ

Пријатељу

др *Војиславу Д. Маринковићу*

ЦАРСКИ СОНЕТИ

ЦАРИЦА

Ти си лепа наша царица у круни,
С десет дубровачких пажева; и греје
С тебе сјај драгуља што донеше пуни
У Котор бродови с Кипра и Мореје.

Орли од бисера леже по твом скуту,
Крсти по стихару, и сафири вратом;
Мирисе Истока остављаш по путу;
Твога коња воде поткована златом.

Све цркве у царству твоје име зборе,
И наше велможе и наши васали
Гледају те с чежњом и са страхом дворе,

Док ти гледаш као паж плашљив и мали,
Како једна брига, танка као пара,
Пређе преко чела крунисаног Цара.

ДВОБОЈ

Најпре свог сокола пусти Војновићу,
Затим кнез Радића прхну златна стрела;
И тад опазише и Цар и властела
Да стрела не може да промакне тићу.

Трипут бесне коње обукоше таде,
Под тешким оклопом у сребрне пене;
И кад царичина рукавица паде,
Војновић је копљем диже са арене.

Трипут седи витез ка племићу плаву
Јуриша, док баци мач скрхан у траву,
И док под њим паде тешки коњ прободен.

Тад даде младићу кћерку пуну чара,
И са себе даре великога цара:
Златни пас за Серез и бурму за Воден.

ЦАР

Цео дан сунчани звоне бучна звона,
Сва је Призрен градска отворио врата,
Кад јавише трубе да из Авињона
Стижу поклисари, три папска прелата.

Од мора где расту лимуни и нарде,
Свим путем стајаху, као мирне јеле,
Царски копљаници, стрелци, халебарде;
Цар прими мисију на врата капеле.

Затим у дворани, Цар, логотет царски,
И сва сјајна свита, стајаху док срочи
Поздрав на латинском мудри бискуп барски.

Император небу подигнувши очи,
Свечано на писму ту преломи сада
Печате над страшном судбом Цариграда.

ЖИТИЈЕ

Писана у Градцу, сликана у Жичи,
У Млецима тешким златом окивана,
Књига о претцима, која царство дичи –
Опет је цар чита три ноћи и дана.

И крупне зенице које помно уче,
Не виде вечери ни пурпурну зору,
Ни кад три војводе донесоше кључе
Града Христопоља на Беломе мору.

И као музика на поноћној реци,
Сва слова певају претке што су били,
Краљеви и писци, војводе и свеци.

И кад склопи очи на тигру и свили,
Император виде како пређе сводом
Страшни сен Немање победничким ходом.

ЗАПИС

Помени, Господе, раба Оливера
Деспоту Леснова и Овчега поља,
И Ану-Марију, и децу; и воља
Твоја буди блага као твоја вера.

Даде храму села, засеоке, паше;
На стари млин врати из Злетовске воду;
Даде уље, тамјан, и одежде наше;
Лик Пантократора у великом своду.

У сребро окова безброј светих слика:
Све у вечну славу благоверног цара
Стефана, кад даде царству Законика.

Повели сто бдења. – Гаврил, слуга Христа,
Каза, а записах, ђак из Хилендара,
Ја, Јеж многогрешни. У хиљаду триста...

КОПЉАНИЦИ

Стоји тутањ коњских оклопа и звека
Панцира. Већ подне пада на врхунце.
Цар гледа, још врве, страшни из далека –
Сваки у свом штиту носи једно сунце.

Кациге од туча; властелински шлеми
С пауновим перјем; на рукама свима
Тешке рукавице; стег за стегом стреми –
Сто нових победа већ хуче у њима.

Док над Паунима блисну задња зрака
У злату једнога коња и јунака –
То деспот Оливер од Леснова, мину.

Посут драгуљима у руци му сину
Тешки крст за Солун, кад падне од мача:
Светом Димитрију поклон освајача.

РАДОВИШТЕ

Кад цар Кантакузен беше гостом цара,
С кимвала и харфа све музика веја,
С бронзаних троношца мириси из жара,
С млетачких зрцала одсев полилеја.

Златно суђе пуно рибе с Белог мора.
Из Срема фазани, дивљач из Пирина,
Грожђе из Превезе; ред златних амфора
Свих пића из Стона и требињских вина.

С друштвом својим глумац Добросав из Хума
Даде три представе: седам дана шума
Прођоше у гозби светлијој од ишта.

Кад далеко беше гост од Радовишта,
За првом трпезом, сам у своме скупу,
Две му горке сузе падоше у купу.

ВЛАДИЧИЦА

Овде лежи Деспа, владичица, жена
Војводе Драгоша... живе дваест лета...
Скутоноша светле Царице и њена
Дру́га у врлини и дивљењу света.

Још не виде царство тих аздија; нити
Визант тих бисера; нит сетније звуке
Изви ко са харфе; нит могаше бити
Снег на Рилу бељи него њене руке.

Али увек тужно беше срце Деспе...
Подари иконе цркви Архангела,
Златне канделабре Пречистој код Преспе,

Два товара блага и двадесет села
Цркви у Леснову... Склопи очи сетне,
У исход уштапа, једне ноћи летње.

МАНАСТИР

Цар зида манастир Светих Архангела,
На води Бистрици дуг хиљаду хвата;
Силни су му стуби од албастра бела,
Темељи од сребра, зидови од злата.

Престо Патријархов од опала; престо
Царев од рубина, стоји на два звера;
За десет владика од бисера место;
Сто кедрових стола за сто калуђера.

Свуд грчки мозаик и млетачка фреска,
У окнима стражу стрâже архангели,
Из свију сводова мирише и блеска.

А први пут звона зазвониће триста,
Кад из Цариграда врати се Цар смели,
И тешки мач спусти у подножје Христа.

ДУБРОВНИК

Сав у злату, титан, рић и модра ока,
Цар слуша реч Кнеза у Великом већу.
У луци пурпурна једрила широка,
Цело море плине посуто у цвећу.

Царски витезови, кнежеви госпари,
Једни према другим, кад се мукло зачу
Плашљива реч Кнеза; и млади и стари
Сви држе погледе на царевом мачу.

Ковао га Новак из Хвосна; сентенце
Писа Вук из Рисна; Сардо из Фиренце
Оштрио га на свом точилу да сева.

Балчак је од једног претка Бенвенута,
Резан три године; и три га је пута
Отровом тровао Срђ из Горничева.

СЛАВА

Под Серезом сву ноћ пева војска царска;
Данас слави Царе, а за царским столом
Сва властела и сва браћа хилендарска;
Царица под круном као ореолом.

Ту кнез од Дривоста, и кнез у Авлони
Васал–краљ Бугарске, бачене под иго,
Немачки ритери, франачки барони,
И кнез Јеро Бунић и гроф Мочениго.

Господин Оливер, то царево око,
И Прељуб, мач царев, јавише високо
Да је Тесалија сва пала за вече.

А молбу за Царство кад Патријарх рече,
Дворана заблиста као сунцем цела:
На рамену Царе држи Архангела.

ПАЖ

У пажа Милоша очи од смарагда,
Рука од албастра и власи од лана;
Пауни царице пресрећу га свагда,
Царски лави пију из његовог длана.

Глас му тече као свилен нит, полако,
Певање је дете учило од виле;
Но нико не влада златним ножем тако,
У облаку стреља утве златокриле.

И царичин пажу Милош Обилићу,
Збори са звездама што над градом плове,
И сваки глас земље он слуша без даха.

Али од Косова пође ли прам праха,
Затрепери цело срце соколићу,
Отворе се широм очи смарагдове.

МОЈА ОТАЦБИНА

Пријатељу

Милану Владановом Ђорђевићу

AVE SERBIA

Твоје сунце носе сад на заставама,
Ти живиш у бесном поносу синова;
Твоје светло небо понели смо с нама,
И зоре да зраче на путима снова.

Још си уз нас, света мајко, коју муче:
Све су твоје муње у мачева севу,
Све у нашој крви твоје реке хуче,
Сви ветри у нашем осветничком гневу.

Ми смо твоје биће и твоја судбина,
Ударац твог срца у свемиру. Вечна,
Твој је удес писан на челу твог сина,
На мач његов реч ти страшна, неизречна.

Млеком своје дојке нас си отровала,
У болу и слави да будемо први;
Јер су два близанца што си на свет дала –
Мученик и херој, кап сузе и крви.

Ти си знак у небу и светлост у ноћи,
Колевко и гробе, у одећи сунца;
Ти си горки завет страдања и моћи,
Једини пут који води до врхунца.

Ми смо твоје трубе победе, и вали
Твог огњеног мора и сунчаних река:
Ми смо, добра мајко, они што су дали
Свагда капљу крви за кап твога млека.

МАЂЕДОНИЈА

У свакој планини имаш свога змаја,
И виле бродарке покрај свију река,
На сваком раскршћу по један краљ чека,
И старински напев пољима без краја.

Све за сунцем као народи што селе,
Иду деца путем куд су прошли стари,
С невидљивом звездом у оку што жари,
С њином страшном речи наврх уснеวреле.

Заставе вихоре мраком, као клетве;
Далеки путници иду друг за другом
У поља где некад цар вођаше плугом,
И наше царице певаху уз жетве.

И унуци иду куд су ишли деди,
На камену истом оштрили су маче;
И страшну легију, и од гнева јаче,
Води сјај далеке царске проповеди.

Пролазе заставе путишта далека;
Сутра ће да севну сабље отроване...
Но легија где ће најпосле да стане?
На сваком раскршћу по један краљ чека.

ХОРДА

Ми нисмо познали вас по заставама,
Ни ваше хероје од лавова љуће:
Све на коленима вукли сте се к нама
Носећ мач убице и луч паликуће.

Без буктиња иде та војска што ћути,
Пожар селâ светли за маршеве горде...
Ваше громке химне не чуше нам пути:
Немо убијају деца старе хорде.

Поломисте више колевки, о срама!
Него херојима отвористе ракâ.
Подависте више њих у постељама,
Него што сте у крв срушили јунака.

Узели сте очи фрескама са свода,
Главе киповима херојâ из бајке;
Спржили сте семе у страху од плода,
И реч убијали убијајућ мајке.

Пресити се земља од крвавог вала,
Али вам победа не осветли лице:
Јер лавор не ниче с буњишта и кала,
Он је за хероје а не за убице.

ВАРДАР

И уста пророкâ и мишца јунакâ,
Напише се снагом твоје свете капи.
Сад кроз наша срца иду крупни слапи
Твојих светлих струја и огњених зрака.

Свој хлеб и ловоре залили смо тобом;
Молитва и химна, обе су те пуне;
Пуне су те наши вапаји и струне;
Као Млечни Пути сјајиш нашим добом.

Узели смо гордо у своје трофеје
Све твоје огњене заставе и маче,
Опленили твоје смарагде што зраче,
И твоје матице развели у леје.

Овде се бораху претци с потомцима:
Лавови од туча мотре живе лаве;
Две твоје обале две су наше славе:
Ми смо победници безмерни над свима.

Течаше из царске легенде, а сада
Робујеш у причи о нама; и груби
Сен наших легија сад на тебе пада;
Све твоје ветрове носимо у труби.

ХЕРЦЕГОВИНА

Наши ће им ветри пепео разнети,
Спраћемо са стене погане им стопе:
Заболи смо копље на великој мети,
Сад је пут наш налик на сунчане снопе.

Пашће паучина на мачеве грубе,
А скромно ће рало опет да засветли;
И као што јуриш сад огласе трубе,
Уранке ће мирне да јављају петли.

И поћи ће к слави одмах од почетка
Нов пород све трагом наших легиона,
Блажен, у колевци он чу како претка
Прати у легенду глас победних звона.

Знаће да је само она земља светла
Где никад још није пала суза срама;
Где су деца на мач име оца метла
Што живи у химни и у молитвама.

ХИМНА ПОБЕДНИКА

Победа ће прећи све путеве наше,
И огледнути се у дну свију река;
Умирућим дати кап из своје чаше,
А новорођеним кап отровног млека.

Ова иста поља што крв једних зали,
Уродиће другим причешћем и хлебом;
И траг ових истих што су данас пали,
Видеће се сутра како светле небом.

Јер доцније крупни огњеви да плану,
Треба искра оних што умру у сјају;
Само зоре које из очаја свану,
Прокажу гроб претка и пут нараштају.

Јер је отаџбина само оно куда
Наш зној падне где је крв очева пала;
И плод благословен рађа само груда
Где су мач захрђан деца ископала.

Само буктињама збори се кроз тмине;
У зрцалу мача будућност се слика;
Преко палих иду пути величине;
Слава, то је страшно сунце мученика.

БРЕГАЛНИЦА

Опраћемо тобом очи нашој деци,
И чело пророка у тренути судње,
Реко која поста у мачева звеци
Светлом међом измеђ истине и блудње.

Као варница си избила из мача,
И свој пут просекла између два доба;
И дигла све огње из свог сјајног дроба,
Да би један народ знао куд корача.

Водо вапијућих у великој ноћи,
Осветљеним путем сада иде племе;
На рукама пуним победничке моћи
Носи своје родно небо, као слеме.

Света реко где се огледнула слава,
Омађијан народ донео је на те,
С побожношћу жреца и гордошћу лава,
Своје беле орле и своје пенате.

Твој луч севну да се ужди ореола;
И носиш, до јуче непозната ником,
Све сунчане мреже и звездана кола;
И вриш под огњиштем и под жртвеником.

Као твоје ждрело што не зна да скрене,
И међе су срца неменљиве, преке:
Наша душа има боју наше стене,
И наша крв тече куд и наше реке.

ДУБРОВАЧКЕ ПОЕМЕ

Пријатељу

Милану Ракићу

ДУБРОВАЧКИ МАДРИГАЛ

Вечерас, Госпођо, у Кнеза на балу,
Играћемо опет бурни валс, кô прије,
С радошћу на лицу минућемо салу,
Као да никад ништа било није.

А затим ће доћи весели кадрили,
Музика ће страсна да хуји, кô бура;
Госпође ће бити у млетачкој свили,
Господа у руху од црног велура.

Затим ће властела у зборе да тону:
Млађи о јунаштву, песништву, и вину,
Старији о небу, о старом Платону,
И о сколастици, Светом Августину.

Ми ћемо, међутим, сести у дну сале
У меке фотеље, не слушајућ тезу,
И написаћу вам, хитро кô од шале,
Један тужни сонет на вашу лепезу.

ДУБРОВАЧКИ ПОКЛИСАР

Зими, тисућ шест сто... (сад свеједно које),
Менчетић, поклисар, беше у Версаљу,
Да учини смерно подворење своје
Лују Четрнајстом, милостивом краљу.

У част посланика републике старе,
И светлога госта, држали су били
Тад у Трианону бриљантну соаре,
С трупом Молијера, музиком од Лили.

Сву ноћ напудране маркизице мале
На врх ципелица сатинских и финих
Играху менует; и мирис дуж сале
Вејаше кô ветар од лепеза њиних.

Док је гост, међутим, прешао у збору
С једним кардиналом, пун речите силе,
Цело стање цркве на Јадранском мору:
Све мислећ на једну ципелу од свиле.

ДУБРОВАЧКИ ПАСТЕЛ

Господин Бартоло, властелин с Посата,
Doctor in utroque и ђак Саламанке,
С чипкастом кô пена јаком око врата,
Отменог морала, ћуди врло танке.

Познат је философ, љубавник над свима,
И песник, кад треба. Госпар Бартолео,
Победилац срца и на двобојима –
Једног дана спази да је постô бео.

Докле још у своме прслуку од свиле
По које писамце опази да има,
И малу мараму, ко зна које виле,
Пуну пољубаца и пуну парфима.

Хтеде да се снужди и да сузе распе,
Но беше у журби. Брзо он је сео:
„Госпођо контеса, ноћас... кад све заспе,
Доћи ћу. Addio, cara. Бартолео."

ДУБРОВАЧКО ВИНО

Море непомично, мирно као срма,
Лежаше пред вртом. Само млаз фонтана
Прска. Док из модрог лаворовог грма
Вири блудно лице мраморнога пана.

Чу се страсна свирка. Затим друштво цело
Јави се у врту; сва су лица њина
Била раздрагана; све беше весело
После доброг ручка и перфидног вина.

И почеше игре, све с нежним дар-маром,
Известна пометња наступи у чину:
Ту капетан псалме цитира са жаром,
А доминиканац свира мандолину...

Госпођица Ана де Доце, већ седа,
Чувена са строгих врлина и тона,
Окружена јатом дама, приповеда
Једну плаву причу из Декамерона.

ДУБРОВАЧКИ КАРНЕВАЛ

Огроман карневал, као море шумно,
Просу се на Страдун; и ни трен да мине,
Сипљу већ у битци што поче безумно
Конфети, пољупци, цвеће, серпентине.

Смех, клицање, жагор од хиљаде маска.
И затим, наједном, једна тренут тиха:
То домино (песник) госпођама ласка
С две-три љупке строфе и фриволна стиха.

Жагор. Затим опет два домина млада
Казаше дијалог пун несташне шале.
Заигра јеђупка, нага... А мрак пада;
Свет с клицањем пали шарене ферале.

Али кад глас стиже да умрије Ката,
Млада удовица, вест бејаше кобна:
Све улице беху пусте за по сата...
И све покри туга и тишина гробна...

ДУБРОВАЧКИ ЕПИТАФ

Ова стара кућа са грбом старинским,
С балконом на Страдун, где миришу саде
Године и трулеж ходницима ниским,
Беше некад кућа кнеза Паска Заде.

Паско Заде беше алхимичар; даље,
Познат питагорист, звездар, морепловац,
Ђак славног Ванини. – Пучанин, син шваље,
Поста племић умом, а кнезом за новац.

Летописи кажу: Беше мудрост сама...
Сто годишта живље за музе и паре...
Но сласт женског тела не позна, од срама
Умре... сед ко овца, мален као јаре...

Епитаф: „Ту лежи Паско Заде, мили
Кнез... и тако даље, успомене јасне!
Једини од људи с ким су увек били
Сви мужеви добри и све жене часне."

ДУБРОВАЧКИ БАРОК

Села је за стари бели пијанино,
Док у врту споро пада мрак и киша.
Камин осветљава гоблене и ино;
Осећа се мирис ружа и слаткиша.

Слуша седу госпу самац у те сате
Стари кнез Геталдић, њен љубавник први.
О врату му виси крст Анунцијате,
Međ прстима бурмут узбуђено мрви.

Пре триест година... гле и песма иста!
И кнез изљубивши њене очи обе,
Понуди јој руку (традиција чиста!)
Минуше за застор од спаваће собе.

А опрезно тада за њима, у часу,
Два мала и бела Амора с камина
Направише једну невољну гримасу...
Док мрак с кишом пада, сетно, врх џардина.

ДУБРОВАЧКИ СЕНАТОР

Госпар Сабо, племић, некад ђак Бологње,
Увек с пером ноја и новом периком,
С рухом од велура пуног фине вогње,
И с мачем што виси лепше него иком.

Многе своје мисли бацио је семе,
И храбро је бриге пребродио многе:
Пола века опште носио је бреме,
И толико исто носио је роге.

Једну ноћ вратив се из Великог већа,
После речи које све знаше да плене,
При пламену двеју догорелих свећа
Откри љубавника у ложници жене.

Отад госпар Сабо снуждено корача,
По Страдуну који жагори у тмуши:
Код куће је љута обесио мача,
А на улици је обесио уши.

ДУБРОВАЧКИ АРЦИБИСКУП

Под плочом у цркви окана шарених,
У митри, под тешким покровом од злата,
Спи млад с грбовима племићским по стени,
Арцибискуп Марин, свети потестата.

Још је папски прстен на руци што клону
Од младих госпођа љубљена толико;
И давно се више не чу на амвону
Он, ког сви гледаху а не слуша нико.

Жене не верују од кад њега није,
И с плачем одстоје његова опела –
Где мужеви плате по молитве двије:
Једну за мир душе, другу за мир тела.

Путниче, када се опет вратиш дому,
И у топлој срећи и јаду студену,
Ти прислужи светом Марину; и к тому
Љуби свога ближњег и његову жену.

КЊИГА ЧЕТВРТА
ПЛАВЕ ЛЕГЕНДЕ

Пријатељу

Иви Ћитику

1.
ЧОВЕК И ПАС

С почетка је падала танка, ситна, црна киша. Алпијским путем изнад језера пео сам се те вечери на брег. Киша је затим неосетно расла, постајала крупња, црња и леденија, а пут је улазио све дубље у мокру помрчину и једну невидљиву шуму. Наличио је на пут који води у други свет.

Наједном се зачу шум, ход. На малим алпијским колима на којима се носи храна, били су упрегнути човек и пас. Ниједан ме није осетио за собом, јер је ноћ била шумна и зато што су били уморни. Бела пара из њихових уста и са тела дизала се у једном заједничком праменy магле.

Кола су напорно одмицала напред. Они су ишли мирно, погнути и задувани. Сваки је од њих мислио своју мисао, бринуо своју бригу, и вукао свој део терета. У долини су се рушили прљави потоци и шумили невесело.

А када скренуше у помрчину, није се више распознавао човек од пса.

ЦРНА ПЕСМА

То је било док она беше најлепша и најтужнија жена у мрачном Ескоријалу; то је било обично у дуге дане, у вртовима где су живели сунцокрети, пуни болне носталгије.

Кад су се с пролећа враћале ласте у своме калуђеричком оделу од свиле црнобеле, певале су јој неки тамни напев с мора.

Певале су јој, јер је она волела њихову чудну песму, и јер им је давала из своје црне рукавице неко ситно зрње са далеких острва, да јој могу по цео дан певати о Тузи.

А када је, први пут обучена у белу свилу, са два миртина цвета у руци, отпочинула под сребрним мрамором, над којим је мрки чемпрес шумио дугим црним шумом, –

Она зажели да чује један рефрен Среће, само један.

СРЦА

То беше једне ноћи, која је била можда најцрња од свих ноћи. Једва се наглашавао ветар који изгледа као да носи собом неки мрачни дим и све засипа црним пепелом.

У свом гнезду од конопље и сухог грања лежао је на јајима стари двестагодишњи гавран и спавао зимским сном. Његова стара крв загревала је јаја под њим, у којима су се полако зачињала три црна живота.

Двестагодишњи гавран сву ноћ снева мутни сан о нечем што је било пре два века. Сневао је о првом свом полету са гнезда, у небо, у сунце. Сневао је о првом телу на које је пао, покрај неког друма, на летњој жези.

Он је ту пао с кликтањем, с непознатом радошћу, и зарио одмах свој кљун, оштар као челик. Он је отварао пожудно све нове и нове ране, широке, свеже, лепе. Кликтао је као дете, зовући, лепршајући као први лептир, када игличастим кљуном ухвати за једно хладно и укочено срце...

То је било пре двеста година.

Стари гавран, успаван сада у гнезду, осети како се у њему узбуди сав бес инстинкта, и како навали крв као ветар и као пламен. Од тога у опнама јајета под њим пренуше се и слатко затрепериша тек зачети животи...

Три мала нова срца закуцаше узбуђено и удариша неодољиво у помрчини. Они удариша весело као три нова часовника.

ПРИЧА О ЈАКОМ

На једном истом ланцу, чврсто везани за руке и за врат, била су два робијаша, један јаки и један слаби. Слаби је мислио на ропство, и био је тужан, а јаки је мислио на слободу, и био је ведар. Јаки је хтео неколико пута да једним напоном поцепа гвожђе и побегне, али је то слабог давило, крвавило, усмрћавало.

Једне ноћи јаки је бдио. Мислио је на своја брда, где је доскора ходио силан и свиреп као природа; где су га се бојали вепрови; где је окрвављеним рукама ишао до орловских гнезда, старе давио и младе крао; и одакле је рушио стене, да у понорима чује њихову смрт; и где је живео силан, разуздан и шуман, као водопад.

Ноћ је била тамна и стражари су спавали. Неодољива илузија слободе испуни његов свирепи дух. Гвожђе се напе и поцепа. Он јурну преко удављеног другара, преко стражарâ, преко поља с црном травом, преко реке с црном водом, у коју се баци као млада, страсна звер, и дохвати за слободну обалу. Иза његових гора изгреја крупан, крвав, поноћни месец.

Њега је Природа дочекала са осмехом, са радошћу, са раширеним рукама, са благословом. Јер она не зна за правду него за силу.

НА СТЕНИ

Олуја, у ноћи, на једном удаљеном предгорју на океану. Муње осветљавају на стени која из висине обала понире у бездан, црну као очајање, огромно дрвено распеће, подигнуто ту од морепловаца. Распети Спаситељ држи високо своје крваве руке пред мрачним просторима.

Громови падају над њим и испод његових ногу, односећи читаве спратове разбијеног гранита, који се с хуком руше у црну воду што трагично хучи у мраку. У даљини у хоризонту, дигоше се црвени пламени стубови: то су муње запалиле неку огромну шуму негде на предгорју.

Доле, испод обронка на коме је старо распеће, чују се болни гласови: као да цео народ деце мре вапијући у стењу и у шкољевима. И као да у тој празној воденој ноћи пева неки црни хор чија се свирепа песма разбија у неким сводовима од камена. Јаук је мора болан и страшан, и муње у дивљој радости прождиру небо... То вече изгледа последње од свију вечери.

Мирно, на стени, стоји огромно распеће. И сваки пут кад севне, сваки пут као да се отворе оне крваве руке, високо у небу; изгледа да обухватају у своја наручја све просторе у тој леденој ноћи.

МАЛА ПРИНЦЕЗА

Мала принцеза, чије су косе имале боју месечеве светлости, чији је поглед био модар, и чији је глас имао мирис жутих ружа, – мала принцеза је уморна од живота, и она је тужна.

Она је на својим широким мраморним терацама над морем, поред огромних ваза у којима су мирно умирале њезине кризантеме, плакала крадомице у дуге мутне вечери. Нејасна носталгија и неизвесна туга умарале су њену крв и њено тело, који су били исти као крв и тело у љиљана.

И у топле ноћи, када је ваздух пун златне звездане прашине, и док на мрачним зидовима спавају мирни паунови, и када сви цветови отварају своја срца, отварало се и срце мале принцезе. Зато су те ноћи биле тако пуне туге и топлоте.

А када је умрла, нечујно и спокојно, као што су поумирале њезине кризантеме, дуго су са катедрале певала стара звона. Гласови тих звона били су мирни и свечани као гласови давно помрлих свештеника.

ВЕЧЕРЊЕ

Мала, снежна сеоска црква, на рудини, покрај грозничаве зелене реке. Рудина је неограђена, пуна траве, и на њој пасе један крупан млад магарац. У трави лежи неколико огромних напуштених стећака, можда гробови какве патаренске господе. Магарац лагано чупка траву, око старих знамења и племићких грбова.

Тако цео дан. Најзад сунце уђе међу планине и просу на реку свој последњи крвав зрак. Сељак-црквењак затресе у торњу мало вечерње звоно, које одјекну многократно у оближњој црној смрчевој шуми. Река се лагано гасила.

Магарац подиже главу, крупан и силан. Два његова мокра, светла, широка ока загледаше се несвесно у долину која је била пуна звука. Тада он пусти свој глас гадан, сиров, рапав, али пун младости, силе и неког дивљег, неодољивог весеља што је жив. И, као побожни глас звона, и тај се глас подиже у небо.

ЈЕДНЕ ВЕДРЕ НОЋИ

Били су зашли влашићи и месец, и била је поноћ. Гроб Спаситељев белио се у провидној тмини, и око њега су лежали римски војници. У врту, у коме је било пуно сикомора и тамариса, било је мирно. Мирис јасмина мешао се са љубичастом светлости ноћи у којој је спавао мртви син Божји.

Војници су били поспали. Њихово оружје и шлемови светлили су око гроба. Њихово дисање губило се у напорном дисању ствари и биља, које се чује у ноћи када зађу влашићи и месец.

Само један војник, најмлађи од свију, није спавао. Он је слушао ноћ, и мислио на Лидију, на малу и лепу Лидију с ону страну песка и мора, у једном рибарском селу на жутом Тибру; на Лидију са уснама које су имале боју пољупца, и очима које су имале боју страсти; на Лидију са којом је проводио дане прве младости, он плетући своје мреже, а она плетући своје котарице.

Мислио је сад овде на њу, Анкус Марцелинус, син Кајусов, и узео је за руку, оборио је на свој штит, и бацио се на њена влажна прса. И док све спава, он је ухватио за бело грло, зарио јој дубоко зубе у њ, дубоко, да је ударила крв, и она се почела кидати у страсти, боловима, пожуди. Затим јој је нашао мала уста, распаљена у руменој грозници, и притиснуо на њих један пољубац, само један, али бесконачно дуг и крвав. Видео је у том часу замркли Тибар на чијој је матици пливао велики штит јулског месеца.

Ноћ је овде међутим бивала све љубичастија; звезде су залазиле; у даљини се дизао мирни и дуги шум, као хујање шуме или хујање воде... Гроб Спаситељев лежао је поред њега, неопажен и миран, у тишини.

ДУБРОВАЧКА ЈЕСЕН

In questa tomba oscura...

Beethoven.

Сам, на камину, у млетачкој вази, умире један букет жутих ружа. Његова је смрт пуна топлоте и његова душа што одлази, пуна је мириса; зато је соба мирисна и топла.

Сви су зидови покривени огледалима која су мукла од јесењег дана. У свима се њима огледа стас једног плавог властелина из портрета у крупном оквиру, у једном углу. – Жуте руже умиру лагано у старој вази.

На сточићу од слонове кости стоји у сребрној кутији расут прах за косу и лице, као да га је сад напустила Госпођа коју су јуче спустили у гроб. – Жуте руже умиру заборављене и пуштају лагано своју мирисну душу...

А у прозоре, пред којим стоје редови црних чемпреса, бије јесења киша. Она бије понекад оним трагичним ритмом и леденим капљама као киша што пада по хладним мраморним плочама на гробљу, а понекад узбуђено, радосно, страсно, као киша што бије у прозоре двоје заљубљених.

Жуте руже умиру очајно у соби, у коју се неће више вратити једна жена у црном, која је била увек тужна.

РАВНОДУШНОСТ

Те ноћи, у звонари једне катедрале, поред готских звона, седео је Мефисто блед и нем. Његове студене очи од челика биле су упрте на огромни град, залеђен у једном страшном сну. Стотине празних мостова гурили су се над белом реком у којој је тињало неколико звезда. Ноћ је била студена и тужна.

Мефисто сеђаше исто онако грозан и блед као некад над Тебом, над Вавилоном и Јерусалимом, у сате њихове пропасти. У тамном и непомичном ваздуху око њега стршиле су танке готске цркве, у којима је те ноћи био утамничен један немоћан Бог. Али је Мефисто оклевао да учини икакво ново зло.

Је ли се у њему пренуо глас некадашњег доброг херувима, глас љубави? И он, који је стајао изван свега и против свега, је ли осетио сад да се најзад враћа у вечиту, тиху и топлу Хармонију? Или је, напротив, те ноћи смишљао своју најстрашнију оргију, своју највеличанственију поему Разорења?

Не, непомичан и нем, у студеној ноћи без неба, поред заглувелих звона, он осети срце празно и мало. У њему не беше више ни љубави ни мржње; у њему беше сада само студена Равнодушност, као зелено море отрова и жучи. И Мефисто позна то непознато осећање равнодушности које никада није имао ни Бог ни Сатана, и које је само осећање Човеково.

Тада бог зла увиде сву дубину понижења и осети најсвирепији од свих болова.

ЉУБАВ

Једне ноћи у дубини океана, у једној долини покривеној алгама, пробудио се један млад полип. Свуд око њега владала је дубока водена тишина. То је било место вечитог студеног мира и глухе непомичности.

Вода је била у висини нешто беличаста, сребрна; мора да је високо на површини била пала тешка киша месечине.

Те ноћи млади сенсуални полип осети први пут у својим микроскопским венама једну дугу ватрену струју, страст од које је задрхтао у бесаници, и осетио чежњу непознату и слатку. Он се ухвати лагано за неки предмет. То је био један мали златни прстен у меким алгама...

Вода се светлила у висини, ваљда од многих звезда.

ДЕЛО

Гледам како црни шумски паук цело после подне тка на тамном чворнатом стасу једног престарелог дрвета своју широку мрежу. Он тка неуморно и непрестано. Ситни конци које испреда, излазе из његових груди, из срца, и његово ткиво постаје све чвршће и све лепше.

Шума је пуна топлоте и звука. По њој зеленкаста сунчана светлост пада са екстазом. За то време читави мали хорови из лишћа прате ритмично тога мрачнога уметника, тога неуморнога ткача. А он преде све веселије, све страсније, све нестрпљивије, правећи по своме ткању неразумљиве и чудне фигуре.

Црни шумски паук знаде ли шта значи та његова уметност? Знаде ли да испреда замку? Ко зна. Али је немоћан да се уздржи имало, да малакше и за тренутак. Тако тај мали артиста испреда жудно из својих груди, из срца, из болног и магловитог сна и воље за стварањем.

Он у своје ткиво уткива кончиће што се извијају из танких гласова са гнезда... И упреда у своју мрежу сјајне сунчане конце што падају из неба... И везе своје цртеже што излазе из његове мрачне и ненадмашне енергије која хоће савршенство и последњу реч мудрости и облика...

А кад је све било готово, он се – као Творац некада – блажено загледа у своје свилено Дело.

ПРЕХИСТОРИЈСКА ЉУБАВ

На једној каменој равници над понором, на неком планинском хрбату, ухваћени су били у страховити коштац прехисторијски човек и горила. Подједнако свирепи и силни ломили су се у том очајном загрљају у коме треба да умре један од њих двоје.

То је било због човекове жене, која је стајала на стени поред њих са једним крвавим цветом у устима, и гледала љубоморног мужа у освети. Нема, зарасла у длаку, и гадна, држала је она на очајним борцима свој поглед пун несвесног задовољства.

Негде у даљини чуо се шум: можда шум младог зеленог мора, или шум стада мамута у каквој ближњој шуми. Небо је било пуно светлости, страсти и пожуде, и као да је из њега падала нека нечујна азурна киша.

А када се окрвављени и изнемогли рвачи, учинивши свој задњи безнадежни напор, сурваше обојица у понор за њима, њихов се пад није чуо, толико је понор био бесконачан. Женка, са крвавим цветом у својим ружним устима, осмехну се тихо једним нежним осмејком.

То је био први осмех једне Фрине и у исто време први осмех једне Офелије.

ПРОЛЕТЊА ПЕСМА

Широко гробље на обали, код вароши, било је тај дан пуно сунца, мириса и боја. Гробови су зазеленели подмлађени и беху весели. Море је шумило са страшћу у грању црних чемпреса који беху узнемирени. Из великог љубичастог неба пада нека топла сенсуална влага.

Мрамор по хумкама богатих светлио је у радосном сребру. Бусење по гробовима убогих блистало је у јутарњим смарагдима. На бледом лицу покоје мирне статуе застале беху последње сузе. Све дрхти, осећа, дише, и пружа руке према сунцу. Гробови као да имају срце, неко велико тамно срце, које удара нестрпљиво, заљубљено.

Колико живота, младости и снаге тај дан међу гробовима! Изгледа то као празник гробова. Наслушкује се неки шум и назире покрет. Осећа се дах, и по мирним стазама под мокрим цвећем, провејава чежња. Чује се ритам. Све прожима нека мирна и болна радост, узнемирено, пожудно.

До мишица у влажној јами, један млади радник копа нов наручени гроб и уз ритам мотике певуши једну љубавну песму.

Недалеко од њега у један грм паде јато црних косова. Изнад њега у великом сунцу пролети бело јато голубова.

ВЕЧЕРЊЕ ПЕСМЕ

Отуривши своје огромно камено рало, исправи се Адам. При црвеном вечерњем сунцу које је залазило, паде по земљи његов тешки и дуги сен, као сен крупнога јаблана у модром пшеничном пољу.

Из великих одваљених груда и широких бразда дизао се мирис младе и страсне Земље. Из вечерњег свода падала је ситна пурпурна прашина и крвавилаораницу. Адам баци свој мрачни и брижни поглед по видокругу који је био у пламену и диму. Свуд је владала мртва самоћа и свирепа тишина.

Ева је за то време седела у сенци топола поред једног зеленог извора. Њене су косе падале по сочној трави, и њен је слух био опијен ритмом воде из врела, који је био пун пожуде.

Она гледаше Адама, са чијих је широких кошчаних груди и мишица бризгао врео и крупан зној. Из његовог огромног мрког тела дизала се танка плавичаста магла, као са мокре стене. Био је млад, бујан, огроман. И, налик на необуздани ритам из извора, у њеним прсима диже се и узбурка дуг и таман шум крви.

И, као сиви лист тополе, Ева задрхта.

ЧОВЕК

На пједесталу седи мајка од бронзе и доји сина својом тешком мрком дојком. Осећа се како железно млеко струји и улази у детиње тело од метала, и како дете расте и буја силно.

Какво чудно одојче! Када оно сиђе из наручја мајчиног и постане човек, колико ће величанство од снаге да покаже у животу. Његово гвоздено срце зазвечаће у додиру с јадима, тријумфално као што звече мачеви. Његовим путевима ће да певају хорови поклоника.

Једног дана дете је постало човек. У његовим венама узрујавала се силна железна крв. О његове прси разбијали су се јади и падали скршени пред његове ноге. Победнички и гордо стајао је међу гомилама. Људи су га се бојали, јер је био страшан, а жене су га волеле, јер је био свиреп.

То је био једини човек који није познао јаде. Али иако их он није нашао ван себе, он их нађе у себи: он осети да има душу. Она га је мучила својим неодољивим питањима и разједала његово метално срце. Мисли су ишле дном његовог духа остављајући трагове отрова и студени, као змије.

Он је имао душу, и она га је прогонила као смртне и ништавне. Силан међу другима, он је био ситан пред собом...

Тада је осетио колико има страшног бола у томе: не бити као остали, а бити ипак само човек.

СУНЦЕ

Родио се на Јонском мору, на обалама пуним сунца, тамних вртова и бледих статуа, и, као галеб, окупао се у азуру, светлости и мирису вечито загрејаних вода. Мајка га је често носила по студеним сенкама дрвећа чије је лишће имало мирис сна.

Несрећни песник! Дететом је отишао у крај где је небо бледо и смрзло, на коме гори бело и хладно сунце, и по чијим обалама плачу ветрови. И једна мисао, као рана, опомињала га је на његову сунчану јонску обалу, тамне вртове и бледе статуе. И заједно с таласима и ветровима, он је плакао горко и неутешно на жаловима меланхоличног туђег мора.

Тако много година. И кад су његове косе, плаве као увело лишће, постале беле; када су његове страсне и велике очи, некада зелене као лимуново лишће, постале мутне; и када је у својим венама осетио јесен која више нема свог пролећа, он се вратио на своје сунчане обале Јонског мора.

Све је тамо било као и пре. Али он није више био онај исти. И није могао да позна те сунчане обале родног краја. Болно, он затвори очи и погледа у себе. И гле, тамо он виде све онако као што је било некад; непрегледне обале са дрвећем и сенкама, које су ишле до краја света; и бледе статуе у којима је узрујано струјила бела крв страшћу и заносом; и једно огромно сунце које је изгледало веће него свемир. Оно је давало просторе своду, сјај и облике стварима, јасноћу и чистоту мислима, и позлаћивало све куда је пало.

То је било сунце које се не рађа на истоку света, Сунце Младости, које излази и залази на границама које су шире од свију просторâ, сунце које је давало дубину небеском своду, боју пределу, трептање звездама, лепоту страсти и коби у очима жене; и које је сада светлило још само дубоко у вечерњем сутону једне душе.

Јер ствари имају онакав изглед какав им даде наша душа.

2.
ОСТРВО ПАПАГАЈА

Острво без људи, у пределу мора куда бродови никад нису прошли. На том острву сијају шуме као широки пламенови у небу. То је од неизбројних јата папагаја са ватреним бојама чије махање крилима даје острву изглед страшног пожара. Под ноћ, та јата стоје непомично по грању и земљи, и гледају својим хладним очима запаљени хоризонт на чијој црти залазе и излазе мирна и равнодушна сунца.

Бродолом је избацио на то острво само њих двоје заљубљених. Они су били прво човечанство и први краљевски пар тог новог света. На острву је она постала његова жена, давши му своје тело и душу. Али човек рече: Жена има душу, тело и прошлост. Дај ми и прошлост!

Али човек није могао никад сазнати њену истину, јер између њих и старе постојбине беше сад непроходно море. Његове сумње почеше расти сваким даном. На свима раскрсницама мртвог острваређаху се фантоми њене прошлости. Брзо их се испунише све шуме као војскама, и све воде као аветињама, и цело острво поста за њих тесно као тврђава. Тада он поче да их гони, дан и ноћ, по пољанама и горама, својим краљевским мачем и својим дугим копљем дивљачког борца. Обарао их је у гомилама низ стрмени; натеривао у воду где их је давио; затварао у пећине где их је зазиђивао; и падао је преморен, лицем земљи, крвавих рука, и са иступљеним оружјем.

Сунца су залазила пред хладним зеницама папагаја од чијег су жарког перја све шуме изгледале као у пожару. Али први човек и први краљ острва полудео је од страха.

РУКА

По мраморним степеницама које силазе у море, окружена народом, лепа жена Победиоца чека повратак у луку његове галије са пурпурним једрима. Поред њених ногу обучених у злато леже два сува дугачка хрта са жутим очима.

Када се галија појавила на сунцу, видео се он у златном оклопу, млад, држећи у једној руци заставу Спаситеља а у другој високи мач. За њим су упловили сви заробљени бродови са војсковођама непријатељским, окованим у железо, и с пленом за републику и за његову драгу.

Кад се попео уз степенице на којима се срео са Госпођом, народ је поздрављао Победиоца с усклицима, бацајући му руже и мирте, и просувши сузе.

А кад му је она пружила руку, хладну као лед, невидљиво и први пут је тада клонула мишица која је покорила Исток. Идући затим кроз сјај, клицање и пљесак, прошли су заједно, руку под руку, Победилац и Издајица.

Мирно су ходили поред њих два суха дугачка хрта са жутим очима.

ОГЛЕДАЛА

Хтела је да види своју велику лепоту, али није било огледала на свету. Тад рече своме драгом: Отвори ми твоје велике зенице да видим своју лепоту.

Велике зенице човека који љуби отворише своја сјајна огледала. Жена извади из своје косе цвеће и чиоде, огрну се власима као сенком, и закликта од радости.

И поче да игра као пламен, као зраци, као сенке, као жито, као таласи, као змије, као мачке, као ноћне сабласти.

И у тој радосној и дивљој игри, она разби огледала. А када је разбила та огледала, није више знала каква је, је ли лепа или је одвратна. Јер је у помрчању тих огледала нестала и она сама.

ОТРОВ

Сатрап је казао блудници да отрује песника из Сусијане који му се руга.

– Отруј га, свештенице љубави, јер ми се руга. Ако га отрујеш, даћу ти златан појас и седам најлепших паунова из мога парка, и мога коња, и мога кувара. Он хоће да ми метне на главу капу од хартије и на мене обеси прапорце лудака. Он се руга моме шлему и мом штиту. Кад беседим народу који плаче од узбуђења, он ми се смеје једини. Отруј га, свештенице љубави, и ја ћу ти дати галију на мору и дворове у пољу. Јер кад мој гнев оде у народ да му покажем моју силу и да га казним, проливши његову крв, и запаливши његову жетву, и отевши његове жене, осећам на себи поглед гордог презирања само тог једног човека. Отруј га, даћу ти један град и најлепши камен из мог жезла.

Али та жена није знала како се трује.

Тада сатрап рече: – Лажи га. Кажи му да си жена коју су протерали због врлине из неке далеке земље у којој се врлина прогони, и он ће те сажаљевати. Кажи му да си мученица, и он ће те волети. Погледај га својим страшним очима и покажи му своје лепо тело, и он ће сањати о теби. Узми своје велове, и своје гривне, и своје мирисе, и играј му, и он ће те пожелети. Али немој престати него лажи и даље, лажи непрестано, лажи увек.

И он ће умрети само од те једне помисли: зашто нас лажу не само они који нас мрзе него и они које ми љубимо.

ЗОХРА

Путник је срео у првом сутону на морској обали младу и црну жену, која према звезди, што у тај мах блисну на западу, узе своје две голе црне и тешке дојке у руке и поче говорити молитву, држећи непомично очи на планети.

То је била молитва Зохри, која је богиња с тако исто црним и тешким дојкама. Зохра свако вече шаље своју звезду да прими за њу молитву свих жена у пустињи чије тело жуди човека.

Сутрадан у сутон, на тој истој обали, лежала је она у наручју тога путника странца. Али, несрећница, није поздравила, држећи своје дојке у рукама, излазак Звезде, јер су јој очи биле помрчале од његових пољубаца.

Тако је странац био одвојио жену од њеног божанства. Зато му је жена дала неко грожђе од кога је морао умрети пре него увређена Звезда зађе у пустињи. Јер је Зохра свирепа и не би јој више на обалу слала свако вече другог човека.

ПРОРОЦИ

Пред селом се јавио пророк из неке друге земље. Око њега су се окупила деца, пси и кокоши. Сеоска луда био је при томе дочеку, и потрчао у село да јави долазак пророка. Казао је да пророк има браду која блешти као сунце, и очи као у курјака, и ноге као у патке, и да нико не разуме о чему говори.

Али је у селу био већ један пророк који је изгледао лепше, и којег су разумевала и деца и животиње.

Сеоска будала је тада предложио да се саставе два пророка као два петла који треба да се боре пред светом. Сви рекоше да ће одиста бити смешно, јер њихов пророк из села неће моћи гледати сунчану браду оног другог, и да ће се престравити пред његовим курјачким очима, и да ће бити згажен под ногом која је као нога у патке.

Али се пророци нису потукли као петлови.

Оба су говорили о Добру и оба искрено веровали: и срели се на путу истине која је увек једна. Међутим била је недеља, и народ је био дошао да се смеје, а не да мудрује, и није очекивао ништа друго. Хтео је да види само како један пророк пада у прашину под ногу другога која је као нога у патке, и да се смеје обојици.

Пророци су и даље говорили на раскршћу пред селом, али су обадва брзо остали сами. Први је одатле побегао луда, отрчавши у село, најкраћом стазом, јурећи једно куче.

Цео народ се брзо кренуо за будалом.

ДУБРОВАЧКА ПЕСМА

Велико веће донело је закон да чланови убогог племства могу просити по граду, али са маском на лицу. Исти дан је на тајна врата изишла Луца из своје мраморне палате у којој није било више хлеба. Под маском на лицу отишла је да стане на мост који дели град од предграђа.

Била је прикрила своје велике сјајне плаве косе које блистају као празнични краљевски огртач и по којима би је познао цео град. Пружила је ка гомили своју у црну рукавицу обучену ручицу на чијем је длану било исписано да ће последњи потомци кнежева и победиоца код Епидаура бити просјаци.

Пучани су на тај длан остављали сребро а властелини злато. Првог дана је познала у гомили дароваоца једног племића који је био друг њезиног детињства, када је са широких тераца пуштала птице да по њиховом лету види ко ће од њих двоје бити срећнији. Другог дана је примила милостињу другог племића који није имао десну руку јер је изгубио у једном од многих двобоја на којима се борио због ње. Они је нису препознали.

Али трећи дан је примила милостињу од једног властелина који беше први човек пред ким напречац затрепери и њено срце и њена дојка. Она није знала ко је он. Али је задржала његов златник који јој је требао да купи неколико капи отрова. Сутрадан, тридесет племића у црном носили су на рукама ковчег на коме су били грбови кнежева и победиоца код Епидаура, и у коме је лежала Луца, покривена својом плавом косом, која је блистала као празнични краљевски огртач.

КАЗНА

Народ се састао у шуми да суди жену која је изневерила мужа, преварила и љубавника, и убила његово дете у утроби.

Маховина је блистала у сунцу. Грлице су певале у грању. Мирисале су јагоде.

Народ је изабрао за судије једног старца са седим власима који је био мудрац, и једног дечака са плавом косом који је био копиле. Жена је стајала у гомили и смејала се народу, и ругала се таквим његовим судијама.

Жена није веровала у Бога, и није разумевала речи мудраца. А није веровала ни у љубав, и није разумевала сузе дечака. Није веровала ни у природу која се свети, и није слушала кад су јој говорили о детету које је дала на свет, без његовог гласића, с мртвом руком на срцу.

Тај је народ био строг и осудио је жену да остане везана гола за стабло у шуми да је ноћу разнесу зверови. Она је молила само да јој оставе њене ђердане од лажних драгуља који су сијали као ђердани у краљице.

У поноћ је изгрејао месец, крупан као аждаја.

У шуму се кришом вратио дечко и одрешио блудницу. Она је дечку извадила оба његова плава ока да не би видео на коју ће страну она отићи. О врат му је обесила један свој лажни ђердан и послала га у град да каже мудрацу: да она служи законима природе а не законима људским. Јер је радост у космосу преча него срећа међу људима.

СВЕТЛОСТ

Тај човек је чекао у звездари да у зодијаку блисне једна звезда коју ће он ухватити у своја огледала, и која ће бити његово откривење. Она ће понети његово име кроз просторе неба као што би га његово дете носило кроз улице града.

Сваке године у исте ноћи чекао је он да се пролије светлост тог непознатог поноћног сунца, које је слутио, и у које је само он веровао, и које ће проћи путем којим је досад прошла само његова узнемирена душа.

Године и звезде су пролазиле, а његов дух био је увек засењен том светлошћу звезде која није хтела да изиђе из своје тајне. Његове очи биле су засењене том модром планетом која се негде купала у мору свог сопственог сијања, безбрижно, као млада жена у таласима које нико не види и нико не вреба. Али је он чекао да се та звезда попне на једну одређену тачку у свемиру, као на степенице свог престола.

Тако је прошао цео живот тог човека заљубљеног у звезду.

Али он је умро срећан јер је цео живот живео у светлости звезде која је била лепша и већа него све друге звезде: зато што је светлила а није ни постојала.

Њена светлост је била толика да тај човек никад у животу није знао ни за мрачну шуму ни за тамну стазу.

СРЕЋА

Широким путем који те вечери из града вођаше у поље, ишла је шарена гомила пратећи једног човека којега крвници треба да обесе. Нико није знао је ли осуђеник био зликовац или мученик. Гомила је ишла радосно зато што су многи хтели да дограбе доцније по комадић конопца којим је задављен кривац, јер кажу да такав комадић доноси другима срећу.

Вечерње шеве су, бежећи пред гомилом, дизале се у сврдлу над житом, и као сјајне жице пролазили су њини гласови кроз ваздух пун пурпурне прашине и жагора.

Једни су хтели конопац да би им оздравио болесник, други да би имали хлеба, трећи да му стада не сатре помор, а четврти да му се врате лађе које је послао на море. Тај дан сви су ишли у поље као на кладенац среће.

Кад је поред друма издахнуо обешеник, гомила је грабила за конопац, манито, као што се премрли од жеђи грабе за кап воде. Једно девојче, које је било заљубљено, полукрвавим рукама зграби комадић конопца и притиште га на усне. На очи јој ударише сузе радости и усхићења.

Кад се враћаху у град, био је већ пао мрак. Локве у пољу биле су пуне звезда и жаба.

ПЕСМА О БОГУ

У тој земљи служио је Свештеник Сунца, јер је ту народ веровао да све добро и лепота долазе од светлости. Али је ту небо било тамно као чађ, а море сиво као пепео.

Али у краљевству које је било одмах до те земље, небо је било сјајно, и море је било весело, а народ је обожавао змију.

Преко реке која је делила ове две земље разговараху два човека:

— Ми живимо у мраку а обожавамо Сунце које неће да нас огреје. Ви живите у земљи која је сва на сунцу, и где зру сви плодови, и где су жене лепе, а обожавате Змију. Пуне су змија све ваше траве, и воде, и зидови ваших кућа, и оне вас поједоше. Божанства су зла и свирепа. Хајде да их оборимо и да тражимо друга.

Али чуше ово остали људи из два краљевства, и појурише на обалу, и убише ова два бунтовника.

А нису знали да су ова два човека били велики као два божанства: јер су били једини који су у свом неспокојству назрели долазак новог Бога.

ДРУГОВИ

Кад се кроз хуку ноћног планинског ветра чуло да неко и по трећи пут закуца на врата, домаћин се диже да види ко је. У страшној ноћи чуло се како лају лисице.

Човек који је био изгубио пут у помрчини, и склонио се овде од зла времена, не препозна у домаћину човека који му је некада украо жену и псето. А домаћин је опет видео у странца само његову тешку торбу која је изгледала пуна новца.

Преконоћ, дигну се домаћин и његова жена, задаве путника и узму му торбу.

Ни жена није познала свог некадањег мужа. Али је псето познало свог некадањег друга. Оно му је дуго лизало стопе, и урлало над њим с пиштањем и са сузама.

Јер жена има инстинкат спола а не инстинкат пријатељства.

ПЕСМА О ЖЕНИ

Њено је срце пуно официра као кула у Дамаску, и трговаца као пијаца у Багдаду, и лажних артиста као лука у Дамаску.

Њени је љубавници посипају мирисима из Јафе, и ките перјем из Брусе, и вешају јој ђердане из Самаре, и заливају је вином са Кипра. На нокте рука и нога међу јој румени бакам из Ангоре.

А она је некад била краљица у једној земљи с ону страну песка. Кад су је протерали, несрећа је довела у овај град где је дошла идући стотину дана за нечијим дромедарима.

На песку целим путем куд је прошла, остале су свуда њене ситне стопе наливене сунцем, као мале локве наливене истопљеним сребром.

Кад је у улици тог града срела једног странца, познаде у њему свог првог љубавника из негдашњег свог краљевства. Он је још носио на свом палцу њен тешки прстен.

Тада се зацерека као блудница, и заплака тихо, као краљица.

ЈЕВРЕЈСКА ПЕСМА

Њене су очи као двоје деце, обучени у плаво, која се држе за руку, и певају псалам цара Давида.

Њене су усне као две речи библије које је написао пророк кад се вратио из пустиње у којој је разговарао с Богом.

Њене речи су тихе, и кад она почне да их изговара, то изгледа као падање звезда на језеру Генезарету.

Њен је корак благ, и она иде оборених очију, мислећи на свој златни појас, своје паунове, и хладну месечину коју је једном видела на планини Синис.

Јер је Естира кћи поглавице из мога племена, из царске лозе.

И док ја стражарим ноћу пред њеним шатором, умирући од пожуде, она спава држећи међу прстима два сребрна цвета јасмина.

СВЕТАЦ

Ноћним путем, белим и прашљивим, враћао се светац из града у планину где је била његова колеба. С њим је ишао само његов мршави магарац који није јео ништа цео дан док је светац говорио учећи људе милости и страху од Бога, а не добивши ни сâм ни од кога ни парче хлеба.

Дух светитељев био је испуњен великим истинама, и он није осећао да посрће од глади. Близу једног раскршћа виде како се откиде с неба једна звезда, сиђе с планине и пређе реку, и причека га на раскршћу.

Душа светитеља озари се њеним сјајем, и он блажено пружи руку којом је цео дан указивао на Бога. Звезда сиђе на његов длан и обасја целу ноћ.

Светац се баци на земљу пред тим знаком с неба, и затим се крену за звездом која се истим путем врати у небо.

Сутрадан су га пролазници нашли мртвог крај пута с дланом који је још био отворен. Повели су весело његовог магарца који се целу ноћ напасао и сад радосно потрчао за њиховом магарицом. На длан старца оставили су пажљиво камен да не постане вукодлак и да не помори околину.

ЗИЗЕМА

Зизема има трбух као штит царев о који се разбију сви јуриши непријатеља.

Брадавице су на њеним грудима као две крупне капи крви рањене лавице.

У њеним зеницама горе широке ватре као пожар у којем је непријатељ спржио сву нашу жетву од Шаса до Гамаре.

Њено тело се повија од кључева крви као река Атарис која је пуна змија.

Али кад под вече прође испод њених вртова неко пурпурно једро и зачује се нека тужна свирала –

Она заплаче нежно као кошута коју је пробудио зрачак месеца у шуми.

СЕМЕ

Он је сејао и певао, и сејао и певао. Он је сејао црно и бело семе свога сна. Топли пролетњи ветрови су мирисали, и благе априлске кише уливале се у његове сребрне бразде. Пустиња ће се после тога покрити цвећем и руменим плодовима. Свуд ће бити класје до појаса и шуме до неба.

И он је ишао све даље за сунцем и звездама, и сејао у пустоши и певао у тишини. Није се освртао иза себе, и не би више знао пут да се врати на своје огњиште.

Није мислио да ли ће ветар однети семе у реку, и јутарњи мраз побити младе клице. Није мислио да ли ће доћи црне и беле птице и позобати у сјајним браздама црно и бело семе. Он је ишао све даље, и сејао, и певао.

Али кад се његов глас угасио и рука малаксала, и кад је пошао да се врати откуд је дошао, он се изгуби у мору свог класја која је сам посејао, и у помрчини шума које је сам подигао... Између њега и целог света стајала је сад, високо до неба, отровна вегетација његовог сна.

СТАРИ ЗАПИС

Море ће ти говорити о Бескрајности, небо о Чистоти, а мрачни чемпреси о Тузи. – А ти ћеш рећи мору и небу и чемпресима: „Моја љубав има у себи и вашу бескрајност, и вашу чистоту, и вашу тугу. Јер зато што вас је моја душа обожавала, она се саздала од оног што је обожавала."

Звезде ће ти говорити о Вечности, а зоре о Светлости. – А ти ћеш одговорити звездама и зорама: „Из моје љубави се рађају млечни путеви и небеска кола, и мирна свитања на планини. Јер ваша вечност и ваша светлост нису друго него атрибути љубави."

Вечерњи сутони говориће ти о Смрти, а тишине о Забораву. – А ти ћеш одговорити сутонима и тишинама: „Има нешто што не умире за људско срце, а то је нерасудна али ненадмашна вера у нереално и немогућно. И има нешто што стоји изнад судбине човека, а то је Љубав која је, као и Смрт, увек слепа моћ природе, а не циљ човечје среће или несреће."

ПЕСМА ХРИСТУ

Ти ћеш остати самац на језеру на којем си проповедао убогим рибарима да је срећа у сиротињи а спас у љубави. Нестаће хришћана на земљи. Твоје се име неће више изговарати по црквама нити ће те ко за што молити. Од истока до запада певаће хорови новом сину небеском који ће донети другу истину за друге људе.

Али ти ћеш остати и кад хришћани буду нестали са земље. И кад израсте трње на путевима свих твојих мученика, ти ћеш једини живети, плавокоси и љупки младићу, јер си први указивао на путеве срца као на путеве божје.

Остаћеш, али видевши да је еванђеље било недовољно. Јер није Бог за људе у постигнутој истини него у вечитом тражењу. Тебе ће сви напустити јер си веровао да си га нашао. Бог је страшан само у слутњи и неизмеран само у очекивању.

И кад те се сви људи буду одрекли, и када те још једном буду сви исмејали, остаће још песници да ти се диве. И вечита Магдалена брисаће и даље својим косама твоје крваве ноге. Јер ће остати у памети само оно што је остало у људском срцу.

Ти си својом истином само ограничио нешто што је неограничено; и говорио што је неизрециво. Али си својим ранама показао оно што је божанско у човеку. И зато, иако ниси открио Бога, ти си га посведочио.

НА РАСКРШЋУ

Коњаник је прејурио мостове на води, шуме у помрчини, и провалије у планини. Јурио је да јави свом граду да иде непријатељ да га запали.

На једном вечерњем раскршћу, недалеко од града, задржала је уморног путника једна млада жена и дала му воде да се напије. Она се усхити лепотом човека, баци златни појас у траву, и, опијена, пружи руке према њему.

Провели су ту ноћ у шуми, где је путник најзад заспао дубоким сном поред младе жене која је бдила. Она је добро чула када затутња негде земља преко које је претрчала непријатељска коњица у правцу града.

И чекала је жена равнодушно да се појави пожар њиховог града и осветли шуму, да би пробудила свог драгог и показала му на грудима своје гривне које није у мраку видео, и своје очи зелене као две купине у којима се легу змије.

Жена не види божанство кад између божанства и ње стане човек.

ДУЧИЋЕВА НАПОМЕНА

Дела г. Ј. Дучића излазе сад у издању „Народне просвете" први пут као „сабрана дела". У ове четири свеске писац је коначно редиговао *своје досадашње цело песничко дело*. Према томе ово је редакција његових написа која мора остати без ичије допуне и измене у даљим издањима. Има више примера да су страни писци дали коначну редакцију својих дела, у којим после никакав издавач ни редактор није имао изговора ни права да ишта исправља или допуњује. Песник француски Алфред де Вињи је за живота пробрао оне своје песме које су једино одговарале његовом утврђеном уверењу уметничком, додајући: „Боље да тај избор учиним сâм ја, а не ико други." И нико други се није за цело столеће усудио да у ту моралну својину уноси свој прохтев или материјални интерес, нити да ишта *мења* или *допуњује* написима која је тај писац коначно одбацио као своја. Један немачки музеј чува један рукопис песника Х. Хајнеа из којег се види да су постојале четрдесет и три разне редакције његове песме „Лорелај", а остала је она редакција коју је песник сматрао адекватном својој замисли. Писац Теофил Готје је написао за стотину књига разних написа, али се чува неизмењиво од њега, као национални капитал, само онолико колико је песник одабрао и завештао као своје право дело. – Тако мора бити и са делима овог нашег писца, насупрот ма чијој евентуалној противној намери.

Београд, 1. децембра 1929.

Ј. Дучић

ДОДАТАК

ВРБАС

Носи, српска реко, крв наших синова,
Јер крваве реке свуд су наше међе;
Мачеви убијца сви су истог кова –
Сад носи унуке куд носаше пређе.

Прими крв нејачи у светле ти пене,
Сто пута је за те и пре умирала:
Да је не полочу погане хијене,
Да не метну у њу отрова и кала.

Наше су победе и заставе наше
Твој велики завет гордости и беса –
Једине у теби што се огледаше,
И једине овде дигле до небеса.

Беше тада славна а сад си и света,
Певај сва крвава кроз њиве и луге.
Наша звезда славе сад и даље цвета:
Пре свачији сужњи нег ичије слуге.

Носи мора крви да их не покраду,
Носи, реко српска, крв невиних жртви:
Радосне победе хероји нам даду,
Али страшну правду извојују мртви.

20. октобар 1941.
(„Амерички Србобран",
28. октобра 1941)

МОЛИТВА

Помилуј, Свемоћни, невине што гину,
Теби су пружене њине чисте руке:
За Твоју су они пали величину,
На Твој знак принели све сузе и муке.

Свака беше за Те рана која тишта,
А свака реч ехо Твога страшног слова:
И сада Ти кличу само с губилишта,
И сад су нам гробља већа од градова.

Благослови, Благи, оне што су пали
Под нож кривоклетца у подножје крста,
Ни велики претци нису друго знали
Тим путем у сенци Твог великог прста.

Благослови, Добри, њихов траг што сјаји,
Трубу мртвих увек пуну Твога даха.
И на вечној бразди њиних корачаји,
Мач мртвих позлаћен златом твога праха.

(„Амерички Србобран",
17. септембра 1942)

НА ЦАРЕВ АРАНЂЕЛОВДАН

За твоју Славу, светли Царе,
Што и сад владаш у нама,
Који чувамо славе старе
У молитви и на струнама!
Али је црно доба за нас
Откад је ово кољено:
Све је на пазар пошло данас,
Све слављено и вољено.

За твоју Славу, светли Царе,
Нека свак пехар попије –
Јер су спопале путе старе
Змије и љуте шкорпије...
Куда су прошли сви трофеји
С војскама твојим смелима,
Сад стоје слуге и лакеји
Сви с обореним челима.

За твоју Славу, светли Царе,
Царе над трима морима!
Зли жреци данас причест кваре;
Губа је у свим торима...
Над твојим царством мрак се шири,
Ветрови црни дувају:
Сад нашу савест бране жбири,
Лупежи благо чувају.

(„Амерички Србобран",
30. децембра 1942)

БОСНА

И ови те, Светла, иду да продаду:
Сви те вођи воде од трга до трга!
Само на пазару твоју цену знаду,
Твоју снагу мере по терету кврга...

О земљо створена за светле мегдане,
Увек си на тезги срамних трговаца;
Сви продају твоје краљеве и бане,
Крв твојих синова, и завет отаца.

Дрину, поред исте и бразде и сетве,
Између два плућа у истоме даху –
Две речи из исте молитве и клетве,
Два анђелска крила у истом замаху...

Увек против борца, лупеж од почетка;
Увек у отрову ножи искувани;
И против заставе интрига и сплетка;
Увек од трговца да те херој брани!

Још везаног воде старца Вујадина,
Пеција и Голуб сад су прах и сена,
Петра Мркоњића покрила је тмина:
Светла је легенда на трг изнесена.

У Романији ће Старина Новаче
И Пивљанин Бајо у љутом Дробњаку,
Залуд дохватити за зелене маче:
Подли ће се пазар да сврши у мраку!

А у твом су небу све молитве наше,
О вечна предстражо и слави и плачу!
Чиста Божја капљо из заветне чаше,
Свето наше слово писано на мачу!

(„Амерички Србобран",
11. јануара 1943)

ЛИЧКИ МУЧЕНИЦИ

Стрељају и сад на свим пољима,
Поред свих пута стоје вешала;
Падају бољи све за бољима,
С тлом српским крв се српска смешала.

Кроз ноћ се редом цркве зажаре –
Свеци су с нама злочин поднели;
Свуд по путима слепи стражаре,
И очи су им други однели.

Свима су беле руке пребили,
Да их у небо не би дизали,
Свету реч српску свуд су требили,
Као хијене крв су лизали.

Свуд су са крстом војске ходиле,
Пратили с цркве звучни звонови;
И с молитвом су вођи водили –
Ora pro nobis хуче долови.

А осветник је жртву пратио!
За мучеником иду хероји!
Пут невиних је Бог позлатио:
Само се гробље мртвих преброји...

1943.

(„Амерички Србобран",
13. септембра 1943)

НА ОБАЛИ НЕРЕТВЕ

На шкртој овој груди и сувој подини,
Где расте само трње и стена рапава,
Нема ни мрав да дође у гладној години,
Овде и љута змија од глади скапава.

На обали се овој у клетви грцало,
И све молитве никле у сузи патника;
Али ти, света реко, ту беше зрцало
Свакоме нашем плугу и штиту ратника.

И силазећи хучна са црне планине,
Спирала зној са чела и крв на сечиву;
Шумила песму царства и причу давнине;
Хладила косовску рану још незалечиву.

Ти љубичицу појиш у шуми скровиту.
И капљу росе рађаш у жедној латици.
И сав је свод небески у твоме кориту,
И сва звездана кола на твојој матици.

А данас сва румена од крви детиње,
Течеш у море песме и мит о царима:
Заједно стрељаху овде људе и светиње,
Траг су брисали овде новим и старима.

Земљо најлепшим сунцем која си злаћена,
Ни жижак више немаш од твојих светила!
Новом крвнику своме сада си плаћена,
Али и заветом новим опет посветила.

На гладној обали овој куда смо патили,
И од првог се дана са бедом спојили,
Најпре су изроди твоји блатом те блатили,
А издајице твоје крвљу обојили.

Крваве зоре свићу по празним селима,
Крваво изгрева сунце у дивљим хајкама,
А још ти предачких копља има по ждрелима,
О света стара реко славна у бајкама.

Ти вучеш сада овуд сунчане одоре,
У срамне врте подлих и кривоклетцима;
И крв невиних носиш кроз страшне продоре –
А певаш напев славе о нашим претцима.

Никад у море горко твој млаз не увире,
Већ као Млечни Пути сјаји са сунцима!
Нити под небом страшним кап срца умире
Што даје повест земљи и мит врхунцима.

1943.

(„Амерички Србобран",
29. октобра 1943)

ВЕЧНОЈ СРБИЈИ

Чувај се, мој роде, својих странпутица,
Јер пут неизвесни увек је пут вражји.
Не бој се јастреба него кукавица,
Не бој се лажова него њине лажи.

Бог нека те спасе твојих спасилаца,
На свакоме углу има их по један.
Презри мудрост глупих и глупост мудраца!
Нож твог издајника биће увек жедан.

Као гром ћеш наћи свога пута,
И као нит златна пробити кроз стену.
Зар храброст полтрона да ти снагу спута,
И да нож злочинца проспе задњу вену!

Косовски витези први пут су знали
За војску убица што ће да их срете:
За гнусно јунаштво оних што су клали
У постељи старца, у колевци дете.

Заставу идеје у руци подлаца!
Место мач што светли, увек нож што пара!
Борца што се блатом место копљем баца,
Јунака што пљачка и жреца што хара!

Заставу у срамни злочин замочену;
Слободу у сенци туђих бајонета;
Отаџбину целу у пљачци и плену;
У крвавој руци где је причест света.

Презри љубав подлих и братство убица.
И реч вероломних и част клеветника!
Носи, роде славни, тај мач без корица –
Знамен крстоносца и Божјег војника!

Да би штит Ахилов био славе веће,
Сам Бог Хефаистос оде за ковача!
И ти, роде српски, знај да никад неће
Нож убице стићи дужину твог мача.

Знај, само из крви хероја се рађа
Звезда путовођа за далеке путе...
Ветром неба иде мученичка лађа,
Сузе су невиних до неба дигнуте...

1943.

(„Амерички Србобран",
27. јуна 1944)

ЈУГОСЛАВИЈА

– *Април, 1941* –

Косовски хероји, шта мислите за нас,
Без нашег Милоша и честитог цара?
Где су наше војске и заставе данас:
За бродолом беше довољна и бара!

Славни Немањићи, где су ваше куле,
Седам ваших кула гроша и дуката?
Ризнице се ваше у ситно расуле –
На тврђави сва су отворена врата.

Сви наши бунари редом отровани,
У кандилу уље, причест у путиру;
Кроз наше бедеме сви су пути знани
Нашем издајнику и туђему жбиру.

Интригу бестидну идејом су звали,
А лаж под идеал продавали роду;
Борили се стидно велики и мали,
Рушећи законе да спасу слободу...

На трг су срамоте изнели међ свима,
Савест грађанина и понос војника;
Заставе продаше бедним Јеврејима,
Мошти светих краља и крв Мученика.

Јер је клетва ова божанског порекла,
Против нас је пао свирепи мач с неба;
Од Божје је руке рана што је пекла,
Од Божјег је теста мрва црног хлеба.

У тврђави доста издајник и један,
Довољан и кључић од најтврђег града!
Сам Архангел сруши бедем непобедан
С ког застава части прва је што пада.

(„Амерікански Србобран",
14. јануара 1943)

ФРАНЦУСКОЈ

И наше племе очајно зебе
На овој леденој киши:
Нису Лавали сви код тебе,
Имамо и ми свој Виши.

Увек је дошла гора смена,
Увек туђ жбир на стражи!
Глупост је тврђа од свих Вердена,
А Верден слабији од лажи...

Место хероја, трговци фразе
Громкије од свих звона;
Жандари посели Фошове стазе,
И рове свих батаљона.

Сад марсељеза предводи стопе,
И с Марне убојне трубе,
Џелату док се до пања попе
Где главу Француској рубе.

И ми смо луч на другој страни,
Предстража и мач права –
И у нас подли адвокат брани
Што пређе брањаше слава!

И ми имамо те Лавале,
Имамо и твоје Више –
И бруке које не би спрале
Никакве Божје кише.

(„Амерички Србобран",
15. јануара 1943)

САТИРА

Знамо вас добро, профитери,
И вас по врху и вас доле –
Увек неверне свакој вери,
Увек с презрењем за све боле.

Знамо вас добро профитере.
И децу нишчих, о Господе;
За сваки полет с пуно мере,
У свако вино с мало воде.

За сваку светлост ви сте слепи,
Само у тмини прогледате;
Од свега су вам дужи џепи,
Тачни сте сви у црне сате.

Својих решења и идеја,
Својих начела имате и ви –
Кад год се неком руши стреја,
И гаси свећа где ко живи.

Све се купује и све прода.
Увек сте тачни за пазаре:
Кад је на тргу и част рода,
И тријумф нов и славе старе.

Крај локве крви мученика,
И ту имате своја мнења...
За компромис је ваша клика,
И у мрак задњег поколења...

Док наше врте мори слана,
Вас мирно сунце и сад греје:
Вама је тешко без кишобрана,
А лако вам је без идеје.

1943.

(„Амерички Србобран",
28. септембра 1943)

НОВА ВЛАДА

Славно се друштво опет сврста,
Јутрос имамо нову владу,
И од три прста и с пет прста
Краћих и дужих, то сви знаду.

С ћилкошима су велеможни,
Слободу сви да бране кољем!
Сви ће да буду у злу сложни,
И закон бране безакоњем...

Програм је „братско измирење“,
И равноправност у злу сваком:
Бич нов за ново јавно мњење,
Сталност на путу наопаком.

Државни буџет без покрића.
Савршен тријумф равнотеже.
Министар сваком познат кића,
Што само златна јаја леже.

Од сад ће ићи како ваља:
Немају зашто да их криве,
Сви ће да умру за свог Краља.
А сви за новац да поживе.

1943.

(„Амерички Србобран“,
31. јула 1944)

ПЕСМА

Мој добри роде, сви су лагали,
И твој су видик сав помрачили;
За својом срећом само трагали,
И свуда крали и све тлачили.

И место млека, крв су сисали,
У страдањима твојим дугима.
Твоје су светло име брисали,
Да не знаш ко си међу другима.

С убицама су цркве стварали,
И с издајником горде тврђаве;
У заклетви те свакој варали,
На води дигли мосте рђаве!

На згаришту ти држе говоре,
На губилишту подло пирују,
На буњиштима саде ловоре...
И мртве уче сад да мирују.

Мој добри роде, сви су рђави,
Вапај твој не чују што тугује!
Издајник и сад још у тврђави,
С убицом жртва сада другује.

Ломан је, роде, мост на провали,
Свуд су у причест отров ставили...
С лупежом све су новце ковали,
С кривоклетником завет правили.

1943.

НАПОМЕНА ПРИРЕЂИВАЧА

Први том *Дела Јована Дучића*, *Песме*, приређен је углавном према издањима Дучићевих сабраних дела из 1929/30, 1969. и 1990. године – онако како је Дучић и одредио да се штампа његова поезија. То, између осталог, значи да је последња његова књига песама *Лирика* (1943) смештена у циклус „Вечерње песме". Факсимилом насловне стране те књиге читаоцу је остављена могућност да је чита и засебно, а из Дучићеве напомене у фусноти разабира се воља песникова.

Исправљене су грешке које су прештампавањем умножаване, затим неки акценти и дужине. Интерпункција, гласовна једначења, састављено и растављено писање речи и сл. прилагођени су важећем правопису само онда када нису нарочито обележје Дучићевог стила.

На крају књиге, у Додатку, као и 1995. године, када је овај приређивач за БИГЗ приредио *Поезију* Јована Дучића, штампано је седам песама из незавршеног отаџбинског циклуса, те четири, можда необичне и за лирског песника Дучића неочекиване, пригодне песме. Дучић их – с разлогом – није уврстио у *Лирику*. Те песме су преузете из „Американског Србобрана", где их је 1993. године, о педесетогодишњици песникове смрти, фототипски печатао Александар Петров. Оне се овде штампају другачијим слогом.

У ово, друго издање, унета је и „Песма", коју је Александар Петров штампао у проширеном издању књиге *Мање познати Дучић*, Требиње/Питсбург, Београд, 2000.

САДРЖАЈ

КЊИГА ПРВА

ПЕСМЕ СУНЦА

СЕНКЕ ПО ВОДИ

Залазак сунца 11
У сумраку 13
Падање лишћа 14
Акорди 15
Познанство 16
Тишина 17
Једне вечери у сутон 18
Јабланови 19
Чекање 20
Повратак 21
Чежња 22
Новембар 23
Морска врба 24
Сат 25
Поноћ 26
Зашто? 27
Поезија 28
Зимски пастел 29
Подне 30
Римски сонет 31
Самоћа 32

ЈАДРАНСКИ СОНЕТИ

Поред воде 35
Крај мора 36
Село 37
Лето 38
Слушање 39
Дубровачки requiem 40
Далмација 41
Ноћни стихови 42
Јутрењи сонет 43
Звезде 44
Љубав 45
Месечина 46
Вечерње 47

ЈУТАРЊЕ ПЕСМЕ

Прича 51
Напон 52
Шум 53
Сусрет 54

ВЕЧЕРЊЕ ПЕСМЕ

Рефрен 57
Сунцокрети 58
Сета 59
Песма мрака 60
Чекање 61
Песма 62
Међа 63
Човек говори Богу* 67

---

* Ова књига [*Лирика*, 1943] је штампана у ограниченом броју примерака да се рукопис не би затурио приликом данашњег рата. Ове досад нештампане песме спадају у циклус „Вечерње песме" у 1. књизи Сабраних дела. (Ј. Д.)

Семе	69
Пут	70
Побожна песма	71
Сунце	73
Слутње	74
Песма	75
Гозба	76
Богу	77
Натпис	78
Сенка	79
Јесења песма	80
Коб	81
Пустиња	82
Ноћ	83
Песма	84
Хришћанско пролеће	85
Тајна	86
Путник	87
Звезде	89
Повратак	90
Химера	91

СУНЧАНЕ ПЕСМЕ

Поље	95
Свитање	96
Суша	97
Ћук	98
Шума	99
Мрак	100
Сунце	101
Киша	102
Оморина	103
Бор	104
Ветар	105
Ноћ	106
Април	107

Буква 108
Мрави 109
Недеља 110

ДУША И НОЋ

Душа 113
Носталгија 114
Напор 115
Сапутници 116
Љубав 117
Соната 118
Тама 119
Досада 120
Страх 121
Екстаза 122
Замор 123
Рефрен 124
Враћање 125
Снови 126
Крај 127
Сати 128
Стихови 129
Песма 130
Суза 131
Рапсодија 132
Мир 133
Растанак 134
Вече 135
Измирење 136
Пут 137
Гама 138
Сусрет 139
Резигнација 140
Слутње 141
Срце 142

Симбол	143
Распуће	144
Опсена	145

Писано у Паризу, Женеви, Софији и Атини 1900–1923.

КЊИГА ДРУГА

ПЕСМЕ ЉУБАВИ И СМРТИ

Химера	151
Срце	152
Жена	153
Завет	154
Песма	155
Тајна	156
Гнездо	157
Лепота	158
Сутон	159
Бескрајна песма	161
Наша срца	163
Моја љубав	164
Очи	165
Чедност	166
Номади	167
Велика ноћ	169
За звездама	170
Стварање	172
Мирна песма	173
Тренуци	174
Непријатељ	175
Крила	177
Песма љубави	178
Песма сутона	179
Песма тишине	180
Песма умирања	181
Последња песма	182

Песма	183
Заборав	185
Песме срца	186
Ћутање	187
Песма жени	188
Сумња	189
Строфе једној жени	190
Најтужнија песма	191
Песме Богу	192
I	192
II	193
III	194
Песме смрти	195
I	195
II	196
III	197
IV	198
Песме жени	199
I	199
II	200
III	201
IV	202

Писано у Београду, Софији, Риму, Атини, Мадриду и Женеви 1903–1925.

КЊИГА ТРЕЋА

ЦАРСКИ СОНЕТИ

ЦАРСКИ СОНЕТИ

Царица	209
Двобој	210
Цар	211

Житије 212
Запис 213
Копљаници 214
Радовиште 215
Владичица 216
Манастир 217
Дубровник 218
Слава 219
Паж 220

МОЈА ОТАЏБИНА

Ave Serbia 225
Маћедонија 226
Хорда 227
Вардар 228
Херцеговина 229
Химна победника 230
Брегалница 231

ДУБРОВАЧКЕ ПОЕМЕ

Дубровачки мадригал 237
Дубровачки поклисар 238
Дубровачки пастел 239
Дубровачко вино 240
Дубровачки карневал 241
Дубровачки епитаф 242
Дубровачки барок 243
Дубровачки сенатор 244
Дубровачки арцибискуп 245

Писано у Паризу, Женеви, Риму и Атини 1900–1918.

КЊИГА ЧЕТВРТА

ПЛАВЕ ЛЕГЕНДЕ

1.

Човек и пас	251
Црна песма	252
Срца	253
Прича о јаком	254
На стени	255
Мала принцеза	256
Вечерње	257
Једне ведре ноћи	258
Дубровачка јесен	260
Равнодушност	261
Љубав	262
Дело	263
Прехисторијска љубав	264
Пролетња песма	265
Вечерње песме	266
Човек	267
Сунце	268

2.

Острво папагаја	270
Рука	272
Огледала	273
Отров	274
Зохра	275
Пророци	276
Дубровачка песма	277
Казна	278
Светлост	279
Срећа	280
Песма о Богу	281

Другови 282
Песма о жени 283
Јеврејска песма 284
Светац 285
Зизема 286
Семе 287
Стари запис 288
Песма Христу 289
На раскршћу 290

Писано у Женеви 1905. године (1) и у Атини 1915. (2)

Дучићева напомена 291

ДОДАТАК

Врбас 295
Молитва 296
На царев Аранђеловдан 297
Босна 298
Лички мученици 300
На обали Неретве 301
Вечној Србији 303
Југославија 305
Француској 307
Сатира 308
Нова влада 310
Песма 311

Напомена приређивача 313

Дела Јована Дучића

Први том

ПЕСМЕ
Друго издање

*

Главни уредник
НОВИЦА ТАДИЋ

*

Коректор
МИРОСЛАВА СТОЈКОВИЋ

*

Издавачи
ИП РАД
Београд, Деченска 12

ДУЧИЋЕВЕ ВЕЧЕРИ ПОЕЗИЈЕ
Требиње

ОКТОИХ
Подгорица, Његошева 2

*

За издаваче
СИМОН СИМОНОВИЋ
ОБРАД ГАЏА
РАДОМИР УЉАРЕВИЋ

*

Припрема
Графички студио РАД

*

Штампа
Елвод-принт, Лазаревац

CIP – Каталогизација у публикацији
Народна библиотека Србије, Београд

886.1/.2-1
ДУЧИЋ, Јован
  Песме / Јован Дучић ; [приредио Рајко Петров Ного]. – Београд : Рад ; Подгорица : Октоих ; Требиње : Дучићеве вечери поезије, 2000 (Лазаревац : Елвод--принт). – 323 стр. ; 21 cm. – (Дела Јована Дучића ; т . 1)
Напомена приређивача: стр. 311.
ISBN 86-09-00687-5
ИД=84857612

www.ingramcontent.com/pod-product-compliance
Lightning Source LLC
Chambersburg PA
CBHW071653160426
43195CB00012B/1446